Heidi Baker

Ergriffen
von der Liebe Gottes

Ergriffen von der Liebe Gottes

Deutsch von Uta Schmidt

inspiredmedia

Die amerikanische Ausgabe erschien 2008 unter dem Titel:
Compelled by Love von Heidi Baker, Copyright © 2008; all rights reserved
Charisma House, a Strang Company,
600 Rinehart Road; Lake Mary, Florida 32746, USA, Fax: 001 407-333-7100
This is a German translation

Erhältlich auch in anderen Sprachen: www.charismahouse.com

Übersetzt von Uta Schmidt
Bearbeitet von Uta Schmidt und Hannelore Bozeman

Bibelzitate sind, wenn nicht anders angegeben, der Menge Bibel entnommen.

Umschlag Layout:
Medienbau, Agentur für Konzept und Design, Schweiz, www.medienbau.ch

Fotografie:
Umschlag: Uta Schmidt
Inhalt: Uta Schmidt, Iris Ministries, bearbeitet von Gerhard Nel, www.kiekiebox.nl

Druck:
CPI – Ebner & Spiegel, Ulm

ISBN: 978-3-9523000-9-1

Art.Nr.: 446 320

Weitere Informationen: www.inspired-media.com

Denn die *Liebe des Christus drängt uns (ergreift uns)*, da wir von diesem überzeugt sind: Wenn einer für alle gestorben ist, so sind sie alle gestorben; und er ist deshalb für alle gestorben, damit die, welche leben, nicht mehr für sich selbst leben, sondern für den, der für sie gestorben und auferstanden ist.

2. Korinther 5,14–15 (Schlachter)

Dieses Buch ist dir gewidmet, Herr Jesus. Unser Leben gehört dir, jeder Atemzug ist dein. Möge jedes Wort dir zur Anbetung werden. Jesus, alle Ehre gebührt dir. Lass dieses Buch dazu dienen, um viele in die innige Beziehung zu dir zu rufen und Liebe zu den Armen zu wecken.

Weitere Informationen, Arbeitsmaterialien
sowie Seminar- und Schulungsangebote
zu diesem Buch finden Sie unter

www.inspired-media.com/heidibaker

Inhaltsverzeichnis

EAGLES

Danksagung

Als erstes möchte ich meinem Mann Rolland dafür danken, dass er sich seit Mai 1980 zusammen mit mir auf den Weg der Liebe begeben hat. Auch meinen wunderbaren Kindern Elisha James und Crystalyn Joy möchte ich danken, die immer ein großzügiges und liebevolles Herz bewiesen und ihre Mutter mit so vielen anderen Kindern geteilt haben.

Ich danke auch meiner geistlichen Tochter Shara Pradhan, die mir dabei geholfen hat, das Material für dieses Buch zu sammeln und die sich stundenlang mit einem Herzen voller Leidenschaft in die Materie vertieft hat. Sie ist ein echtes Vorbild. Ohne sie hätte ich dieses Buch niemals fertig stellen können. Sie ist einfach fantastisch!

An dieser Stelle möchte ich auch einige der begabten Menschen nennen, die zur Realisierung dieses Buches beigetragen haben. Mein Dank geht an Bob Ekblad, ThD, und Scott Dolff, PhD, für ihre unglaubliche akademische Kenntnis und Einsicht, die sie mir geboten haben. Mein Dank geht auch an Ania Noster, die zusammen mit Shara meine vielen Botschaften über die Bergpredigt angehört und die besten für dieses Buch herausgesucht hat; an Wendy Dermott, die so viele meiner Predigten transkribiert und redigiert hat und an Dominique Phillips für ihre Mithilfe. Mein Dank geht auch an Mary Chico, die dem Buch einen letzten Schliff verliehen hat.

Ich möchte auch die harte Arbeit von Barbara Dycus und Donna Hilton von Strang Communications hervorheben. Nicht zuletzt danke ich meiner globalen Familie von Iris Ministries – allen Sponsoren, Unterstützern, Missionaren, Fürbittern und Mitarbeitern, jung und alt, die ihr Leben täglich Jesus hingeben.

Für die Inspiration von Mutter Teresa bin ich ewig dankbar. Sie hat einen Pfad der Liebe geebnet, dessen gutem Beispiel wir folgen können. Und ich bin Pastor Surpresa Sithole, Pastor José Novella und all unseren mosambikanischen Kindern unendlich dankbar, dass sie mich so viel über die Liebe gelehrt haben. Sie haben mich lieben gelehrt.

Vorwort von Rolland Baker

Die Bergpredigt ist ein Schriftabschnitt, der mich immer eingeschüchtert hat und dessen Maßstab der Vollkommenheit ich immer als unrealistisch und unerreichbar angesehen habe. Wie wahrscheinlich viele andere Gläubige habe ich nicht damit gerechnet, dass ich viel davon im Leben geistlicher Leiter oder in meinem eigenen Leben sehen würde. Es war entmutigend, den Theologen immer wieder Fragen über die Bergpredigt zu stellen und von den meisten Bibelauslegern die Antwort zu bekommen, dass ich praktisch denken müsse und die Worte nicht so zu verstehen seien, wie ich glaubte. Wohl kaum eine Schriftstelle ist so «verwässert» worden wie diese, denn das Bild, das die Bergpredigt von der Gerechtigkeit in der Kraft des Heiligen Geistes zeichnet, ist so gewaltig und herrlich, dass es jegliche Vorstellungskraft übersteigt. Diese Gerechtigkeit schöpft ihre Kraft aus der ewig glühenden Flamme Gottes, die das Leben selbst ist.

In den Aufzeichnungen vieler Erweckungen in der Kirchengeschichte hatte ich jedoch mehrmals einen kleinen Einblick in diesen Bereich des Lebens mit Gott erhascht. Ich stamme aus einer Missionarsfamilie und bin in Asien aufgewachsen. Dadurch war ich schon früh mit der Erweckung in China vertraut und hatte viele Zeugnisse von heldenhaften Gläubigen gehört, die trotz unglaublicher Verfolgungen im Glauben standgehalten haben. Vor allem mein Großvater hatte einen großen Einfluss auf mein Leben. In seinem Buch «Visionen jenseits des Horizonts» beschreibt er, wie Gott sich in seiner gewaltigen Gnade souverän den «geringsten» der ausgestoßenen Straßenkinder in Kunming – meinem Geburtsort in China – offenbart hat. Er stellt seine Gnade eindeutig an den Unscheinbaren, den Vergessenen und den Einflusslosen zur Schau und bringt in ihnen die Charaktereigenschaften seines Wesens hervor, um dem Rest der Welt den Reichtum seiner Gnade zu offenbaren.

Trotzdem schienen die geistlichen Höhen, von denen ich gehört hatte und nach denen ich mich sehnte, in meinem Leben außer Reichweite. Auch die jahrelange akademische Spezialisierung im Theologie- und Bibelstudium brachte mich meiner Hoffnung nicht näher, in der wunderbaren Freiheit des Geistes zu wandeln, die Jesus in den Evangelien beschreibt. Ich brauchte Ermutigung, ein lebendiges Beispiel, an dem ich sehen konnte, wie Jesus in einem Menschen lebt – und zwar in solch einem Ausmaß, dass es mich inspirieren und motivieren würde, die Bergpredigt nicht nur als realistisches, sondern auch als einzig praktikables Modell für ein geistliches Leben und den geistlichen Dienst zu leben.

Ich weiß, dass der Herr viele lebendige Monumente seiner Gnade hat, die oft verborgen an den Enden der Erde wirken. Aber für mich kam die Ermutigung Ende der siebziger Jahre, als ich Heidi in einer kleinen charismatischen Gemeinde in Dana Point, Kalifornien, begegnete. Sie hatte eine sehr privilegierte Kindheit und Erziehung genossen. Ihre Eltern wohnten an einem Privatstrand, und es fehlte ihr nichts an Bildung, Komfort und sonstigen Möglichkeiten. Aber schon als kleines Mädchen pulsierte ein verzehrender Hunger nach Gott in ihr. In der sechsten Klasse hatte sie eine Lehrerin, die eine Missionarin gewesen war und die einen solchen Eindruck auf Heidi gemacht hatte, dass ihr Herz von den Armen und Leidenden in anderen Kulturen völlig ergriffen wurde. Diese Lehrerin war, wie sich später herausstellte, meine Mutter, und so entstand die erste Verbindung zwischen unseren Familien.

Als ich sie kennenlernte, war sie ein reines, idealistisches und blühendes Kind im Geist, eine junge Frau, die mit sechzehn Jahren schon eine außergewöhnliche Begegnung mit dem Herrn in einer Vision hatte, in der sie von Jesus als Missionarin für Asien, England und Afrika bevollmächtigt wurde. Sie schaute niemals zurück. Mit ungetrübter Freude begann sie ein Leben im Vertrauen auf ihren vollkommenen Retter und hat seitdem jede Möglichkeit zum Dienst und Predigen ergriffen. Je mehr Zeugnisse ich von ihr hörte, desto mehr festigte sich das Bild in mir, dass sie ein lebendiges Beispiel für die Bergpredigt und besonders die Seligpreisungen ist.

Auf ihren Missionseinsätzen vertraute sie Jesus in allem. Sie hatte nicht den geringsten Zweifel, dass er sie leiten und versorgen würde. Mit ihrer wunderschönen Stimme betete sie ihn stundenlang an. Sie hörte die Stimme des Herrn oft dann, wenn sie sich völlig in seiner Gegenwart verloren hatte. Sie verlangte beispielslos nach mehr von ihm. Ihre Liebe zu den Menschen und ganz besonders zu den Unliebenswürdigen strömte völlig natürlich und mühelos. Sie hatte ihre zynischen Kritiker, ihre Entmutigungen, Enttäuschungen und Herausforderungen, aber wie keine andere, die ich kenne, ist sie immer mit reinem Herzen ihrem Jesus nachgejagt.

Ich erkannte sofort, dass hier ein Mensch war, mit dem ich die Bergpredigt auch tatsächlich leben konnte, so wie ich es mir immer gewünscht hatte. Ich wusste, dass ich dieses Ausmaß der Hingabe an die Bergpredigt mit niemand anderem in Erwägung hätte ziehen können. Hier war jemand, der keine Sorgen an morgen verschwendete, jemand, der zuerst das Reich Gottes und seine Gerechtigkeit suchte – koste es was es wolle. Hier war jemand, der im kindlichen Glauben dem Himmel auf Erden nachjagte, trotz allen Widerstands und aller Entmutigung. Jesus erfüllte mir meinen Herzenswunsch und führte uns zusammen. Zwei Wochen nach unserer Hochzeit zogen wir mit 30 Dollar in der Tasche, einem Hinflugticket und einigen einfachen Instruktionen vom Herrn auf das Missionsfeld.

Heute, siebenundzwanzig Jahre später, haben wir eine Erfüllung der Seligpreisungen in unserem Leben unter den ärmsten und unscheinbarsten Menschen auf Erden erlebt. In diesen Jahren waren wir für den größten Teil nicht diejenigen, die den Lebensstil gelehrt haben. Stattdessen lehrte die ganze Zeit über Gott uns, was uns noch fehlt, und das hat er durch die sanftmütigen und demütigen Gefäße getan, die er dafür vorbereitet hatte. Heidi hat in ihren Predigten, Zeugnissen und Aufzeichnungen festgehalten, wie Gott durch seinen Geist die Herrlichkeit und Vollkommenheit der Seligpreisungen unter den Menschen verkörpert, die er für ihre Berufung auserkoren hat – die Notleidenden Afrikas. Die Erlebnisse und Zeugnisse beweisen die Realität seiner Herrschaft hier auf Erden und weisen allen den Weg nach vorne, die nach seiner Welt, seiner Vollkommenheit, seiner Lösung, seiner Liebe, seiner Nähe und seinem Leben verlangen. Seine Wege stehen im radikalen Gegensatz zu denen der Welt, und alle, die sich nach einer ganz anderen Welt sehnen, in der die Gerechtigkeit regiert und in der wir an seinem göttlichen Wesen teilhaben, werden in Heidis Buch ein strahlendes Licht finden, das den Weg erleuchtet.

Mögen wir zusammen mit den Armen und Notleidenden der Welt, die er auserkoren hat, nichts als selbstverständlich hinnehmen, sondern alles zu Herzen nehmen, uns in ihm stärken und ihn anrufen, dass wir die Dimension des himmlischen Lebens auf Erden erfahren, die all unsere Erwartungen und Vorstellungskraft übersteigt. Mögen unsere gegenwärtigen Leiden einen Hunger für die Herrlichkeit in uns wecken, die an uns offenbar werden wird, und uns sicher auf dem Weg in sein Herz und sein Reich tragen.

Rolland Baker

Vorwort von Bill Johnson

Ich kenne keine Menschen, die solch eine gewaltige Wirkung in einem Land haben wie Rolland und Heidi Baker in Mosambik. Diese Auswirkungen dauern an und breiten sich immer weiter aus. Demut, Liebe und Kraft werden in jedem Bereich der Familie Baker praktisch vorgelebt und demonstriert. Deshalb sammeln sich Menschen aus der ganzen Welt um sie herum, suchen sie auf Konferenzen auf oder fliegen um die halbe Welt, um sie auf ihrer Missionsstation zu besuchen. Man möchte unbedingt von der Missionsarbeit lernen, die die Bakers praktizieren. Ihr Einfluss breitet sich von einem Land zum anderen aus, weil die Menschen überall voller Hunger nach dem authentischen Evangelium sind, wie es die Bakers leben.

Einer meiner Freunde besuchte die Bakers in Mosambik, um ihnen für einige Wochen bei ihrer Arbeit zu helfen. Als er wieder zurück nach Hause kam, fing er eines Tages plötzlich ohne ersichtlichen Grund an zu weinen. Nach einer Weile wurde ihm klar, dass er weinte, weil er «Jesus vermisste». Die Tage, die er bei Heidi und ihrem Dienst verbracht hatte, waren so überwältigend gewesen wie es die Tage gewesen sein mussten, als Jesus auf Erden wandelte. Seit dieser Erfahrung ist sein Leben völlig auf den Kopf gestellt. Er hatte einen völlig neuen Lebensstil kennengelernt. Die Erkenntnis, dass er sich nicht mehr in dieser wunderbaren Atmosphäre befand, brachte ihn zum Weinen. Er vermisste diese spürbare Gegenwart Gottes und sehnte sich danach. Ich wünschte, dass wir alle viel mehr Tränen aus Sehnsucht nach dem vergießen würden, was eigentlich möglich wäre.

Ergriffen von der Liebe Gottes offenbart «das Geheimnis» ihres andauernden Durchbruchs. Es ist das Evangelium, so wie es Jesus gelehrt hat, so wie er es gelebt hat. Dieses Buch fasziniert durch seine Schlichtheit und gleichzeitige Tiefgründigkeit, denn jede Seite ist mit Offenbarung gefüllt. Es gehört zur Pflichtlektüre eines jeden, der danach verlangt, relevant zu sein und sowohl in Kraft als auch in Reinheit zu wandeln.

Bill Johnson
Pastor der Bethel Gemeinde, Redding, Kalifornien

Autor von «Gottes Angesicht sehen»,
«Neues Denken – neue Vollmacht»,
«Und der Himmel bricht herein»

Die Seligpreisungen

Als Jesus nun die Volksscharen sah, ging er auf den Berg hinauf, und nachdem er sich dort gesetzt hatte, traten seine Jünger zu ihm. Da tat er seinen Mund auf und lehrte sie mit den Worten:

Selig sind die geistlich Armen, denn ihnen wird
das Himmelreich zuteil!

Selig sind die Trauernden, denn sie werden getröstet werden!

Selig sind die Sanftmütigen, denn sie werden das Land ererben!

Selig sind, die nach der Gerechtigkeit hungern und dürsten, denn sie
werden gesättigt werden!

Selig sind die Barmherzigen, denn sie werden
Barmherzigkeit erlangen!

Selig sind, die reinen Herzens sind, denn sie werden Gott schauen!

Selig sind die Friedfertigen, denn sie werden Söhne Gottes heißen!

Selig sind, die um der Gerechtigkeit willen Verfolgung erleiden, denn
ihnen wird das Himmelreich zuteil!

Selig seid ihr, wenn man euch um meinetwillen schmäht und verfolgt
und euch lügnerisch alles Böse nachredet!

Freuet euch darüber und jubelt, denn euer Lohn ist groß im Himmel!
Ebenso hat man auch die Propheten vor euch verfolgt.

Matthäus 5,1–12

Einleitung

Ein Drittel unseres Lebens verbringen wir im Dienst an Gemeinden und Gruppen in der westlichen Welt. Wir rufen die Braut Christi dazu auf, sich für den Bräutigam bereit zu machen. Die anderen zwei Drittel unseres Lebens sind wir in Mosambik, wo wir unter den Armen und Bedürftigen, den Hungrigen und Kranken, den Verzweifelten und nach Liebe dürstenden Menschen leben. Manch einer mag es nicht glauben, aber unsere Arbeit in Mosambik ist viel einfacher als die im Westen.

Wo ich lebe, wissen die Armen, dass sie arm sind; sie wissen, dass sie krank sind und sie wissen, dass sie verzweifelt sind. Deshalb kommen die Menschen jede Woche zu Hunderten zu Jesus und geben ihm ihr Leben. Aber in der westlichen Welt wissen die Armen nicht, dass sie wirklich arm sind. Die Kranken sind sich auch nicht bewusst, dass sie krank sind, es sei denn sie sterben an einer unheilbaren Krankheit. Sie sehen selbstsicher aus. Sie erwecken den Anschein, als ob sie alles unter Kontrolle hätten. Aber die Realität sieht oft ganz anders aus. Deshalb ist die Arbeit in der westlichen Welt viel schwieriger als unsere.

Lass mich erklären, was ich meine. Eines Tages erhielt ich ein prophetisches Wort von einem wunderbaren Mann Gottes, den wir damals noch nicht kannten, der aber mittlerweile ein sehr guter Freund von uns geworden ist: Randy Clark. Ich war in einem Gottesdienst einer großen Gemeinde und zog mich in die letzte Reihe zurück, um inkognito zu bleiben. Ich hatte eigentlich einen anderen Termin, aber ich wollte diesen Mann unbedingt predigen hören.

Er predigte über das Feuer und die Salbung Gottes, über den Hunger und das Verlangen, unser Leben ganz für Gott zu geben. Ich erinnere mich nur noch, dass die Botschaft so bewegend und gewaltig war, dass ich nicht bis zum Aufruf warten konnte. Von Natur aus bin ich eigentlich eher zurückhaltend, und so wollte ich dem Protokoll folgen und mich nicht aus der Reihe nach vorn drängen, wenn der Aufruf kam. Aber mein Herz brannte so, dass ich es einfach nicht mehr abwarten konnte!

Ich saß in der Mitte der letzten Reihe. Bevor ich mich besinnen konnte, stand ich auf und rannte hemmungslos nach vorne. Ich schrie aus meinem tiefsten Inneren und war völlig über mich schockiert. Aber der Mann, der da predigte, war es nicht. Er legte mir unmittelbar die Hände auf und sagte: «Willst du das Land Mosambik? Die Blinden werden sehen! Die Lahmen und Verkrüppelten werden gehen! Die Tauben werden hören! Die Toten werden auferstehen und die Armen werden die frohe Botschaft hören!»

Aus vollen Kräften rief ich: «Ja!» Und dann wurde ich so von der Kraft Gottes ergriffen, dass sie mich völlig überwältigte und mich auf den Boden niederdrückte. Ich war ganz und gar unter der gewaltigen Herrlichkeit Gottes, die wie ein schweres Gewicht auf mir lag. Ich konnte nicht mehr aufstehen und mich nicht mehr bewegen. Tagelang war ich völlig ausgeschaltet und musste getragen werden, wenn ich aufstehen wollte. Ich spürte, wie die Kraft Gottes mich durchströmte. Es war atemberaubend, und ich habe mich von jenem Tag nie wieder davon erholt!

Kurz danach kehrte ich nach Mosambik zurück und dachte mir, wie ich nach dieser Prophetie wohl diese wunderbare, gewaltige Herrlichkeit mit mir tragen würde. Ich war voller Erwartung, einen Durchbruch Gottes zu erleben. Stattdessen brach jedoch die Hölle los. Auf uns wurde mit Maschinengewehren geschossen, all unsere Gebäude und Waisenhäuser wurden vom Staat konfisziert. Ich wurde mit multipler Sklerose diagnostiziert, Rolland erkrankte an zerebraler Malaria und meine Tochter Chrystalyn lag schon mit Malaria fiebernd im Bett. Zusammen mit 320 Kindern, für die wir jeden Tag sorgten, waren wir obdachlos. Wir mussten in Zelten und einem kleinen Gebäude leben, das wir in Maputo als Büro benutzt hatten. Wir hatten alles verloren.

Trotzdem hielt ich an dem Wort fest, das ich bekommen hatte. Ich wusste, dass Gott mir eine Verheißung gegeben hatte. Ich wusste, dass er gesagt hatte, die Blinden würden sehen. Und so entschloss ich mich, allen Blinden, die mir über den Weg liefen, die Hände aufzulegen. Und in Mosambik gibt es sehr viele davon. Man findet sie überall! Ich schlich mich immer leise an sie heran und umarmte sie. Dann legte ich ihnen die Hände auf, betete für sie und fragte: «Kannst du sehen?» Sie antworteten jedoch immer: «Nein, ich bin immer noch blind.»

Es schien so, als ob sich absolut nichts tat. Ich betete für viele Menschen und sie kamen zum Glauben, aber sie waren immer noch blind. Ich verstand es einfach nicht. Dennoch hörte ich nicht auf zu beten. Ich war mir bewusst, dass man nicht gleich aufgeben darf, wenn man ein prophetisches Wort bekommen hat und es nicht sofort in Erfüllung geht. Ich wollte die Erfüllung der Verheißung um jeden Preis sehen!

Man muss so nach Gott hungern und dürsten wie die Armen nach Brot und Wasser. Das bedeutet es, geistlich arm zu sein. Ich kenne viele Menschen, die wohlhabend sind, aber sie sind trotzdem geistlich arm. Ich kenne auch Menschen, die sehr arm sind, aber sie sind geistlich nicht arm. Es spielt keine Rolle, wie viel oder wenig materiellen Besitz man hat. Es kommt auf die Herzenshaltung an. Die Armen sind bedürftig – bist du es auch?

Bist du bedürftig? Bist du hungrig? Bist du durstig? Willst du Jesus um jeden Preis? Bist du so verzweifelt, dass du meinst, du stirbst, wenn Gott sich nicht zeigt? Oder hast du eine laue Herzenshaltung wie viele Menschen in der westlichen Welt, die abwartend oder gar gleichgültig sind? Sie denken: «Ach, was soll's. Entweder greift Gott ein oder er tuts nicht – ist auch egal.» Aber es macht etwas aus. Wir können nicht gleichgültig leben. Wir dürfen nicht gleich aufgeben. Wir müssen das Reich Gottes in unserem Land, in unserer Stadt und in unserem Leben hereinbrechen sehen.

Und so betete ich ein Jahr lang immer wieder für die Blinden – aber ohne Erfolg. Menschen gaben zwar Jesus ihr Leben, und das war ein Erfolg, aber sie waren immer noch blind.

Eines Tages waren wir in einer unserer kleinen Kirchen, die aus einer armseligen Lehmhütte bestand, als eine blinde Frau zu uns kam. Sie war eine Bettlerin und ihre Augen waren ganz weiß. Ich war froh, als ich sie sah, denn ich würde nicht aufgeben – schließlich hatte ich ein Wort von Gott. Ich war bereit, die Transformation eines Volkes zu sehen.

Als ich die Frau in meinen Armen hielt, spürte ich Gottes Barmherzigkeit für sie. Dann spürte ich das schwere Gewicht der Herrlichkeit Gottes und die Frau fiel zu Boden und begann zu schreien. Fasziniert schaute ich zu, wie ihre weißen Augen erst grau und dann braun wurden. Sie konnte sehen! Alle um mich herum waren außer sich und riefen: «Mama Aida kann sehen! Mama Aida kann sehen!»

Auf Portugiesisch bedeutet mein Name Heidi «Aida». In Mosambik heiße ich also Mama Aida, und ich war völlig überrascht, als man mir sagte, dass diese Frau auch Mama Aida hieße. Ich nannte sie Zwilling, denn das tut man in Mosambik, wenn man jemandem mit demselben Namen begegnet.

Am nächsten Tag ging ich nach Dondo, um in einer weiteren Lehmhütte einen Gottesdienst zu halten. Ich betete für eine andere Frau, die etwa dreißig Jahre alt war und seit ihrem achten Lebensjahr blind war. Als ich sie in den Armen hielt, spürte ich Gottes Liebe für sie. Plötzlich kreischte sie: «Du trägst ein schwarzes T-Shirt!» Sie sah mich, sie konnte sehen! Als ich sie dann mit nach draußen ins Licht nahm und die anderen Dorfbewohner hörten, wie sie jubelte, riefen sie ganz außer sich: «Mama Aida kann sehen! Mama Aida kann sehen!»

Diese zwei Frauen waren die ersten zwei Menschen, die ihr Augenlicht empfangen hatten, als ich für sie betete – und beide hatten den gleichen Namen wie ich! Ich war überwältigt.

Am dritten Tag gingen wir weiter nach Chimoio und hielten einen Gottesdienst in einem alten, zerfallenen Gebäude, einer ehemaligen pink farbigen Diskothek. Auf der Bühne lagen Grasmatten, mit denen die großen Löcher im Boden zugedeckt waren. Es war nur eine Frage der Zeit, wann das erste Unglück geschehen würde.

Der Zustand des Gebäudes war mir jedoch egal. Wir kamen zu unserer Gemeinde, die mit Menschen gefüllt war, die wir liebgewonnen hatten. Zwei Blinde waren in den letzten zwei Tagen geheilt worden und voller Spannung erwartete ich, was als nächstes passieren würde. Und so verhielt ich mich wie ein «typischer» Evangelist und rief lautstark: «Bringt mir die Blinden!»

Genau in dem Augenblick kam ein kleiner, dürrer, in seinen besten Lumpen gekleideter Junge herein, der eine blinde Bettlerin an der Hand führte. Als ich sie sah rief ich: «Im Namen Jesu, sieh!» Sofort fiel sie zu Boden.

Dann sah ich, wie sich ihre Augenfarbe von weiß über grau nach braun veränderte. Was jetzt geschah, wird einigen schwer fallen zu glauben. Aber es gibt viele Menschen in Mosambik, die Augenzeugen waren. Die Menschenmenge kreischte: «Mama Aida kann sehen! Mama Aida kann sehen!»

Eine meiner Freundinnen aus Deutschland war dabei. Sie ist ein nüchterner Mensch, steht mit beiden Füßen fest auf dem Boden und geht mit den Dingen des Geistes sehr seriös um. Ihre Antwort war: «Das ist einfach unmöglich. Sie kann nicht auch noch Aida heißen!»

Die Antwort der Leute, die die Bettlerin kannten, war jedoch: «Sie heißt Mama Aida. Sie heißt Mama Aida, und sie war von Geburt an blind. Jetzt kann sie sehen!» Und dann sagte die Frau selbst: «Jetzt brauche ich nicht mehr zu betteln. Jetzt kann ich im Wald Holz sammeln und so Geld verdienen.»

Ich saß nur noch da und weinte. Ich schluchzte so laut, dass ich nicht mehr predigen konnte. Es hätte sowieso niemand mehr zugehört. Alle waren in Aufruhr und vor Freude über die Frau, die blind geboren war und jetzt wieder sehen konnte. Das war wohl die Botschaft für den Abend.

Als ich niederkniete, weinte ich und fragte Gott, was das zu bedeuten hat. Ich dachte zuerst, dass er mir eine ähnliche Salbung wie Kathryn Kuhlman gegeben hätte. Vielleicht würde ich ein Evangelist mit einem Heilungsdienst werden.

Stattdessen sagte Gott jedoch zu mir: «Du bist blind.»

Ich widersprach Gott und versuchte ihn aufzuklären, dass ich eine Missionarin war, dass ich schon seit meinem sechzehnten Lebensjahr predigte und jetzt unter den Armen lebte. Aber Gott sagte mir, dass ich genauso blind war wie die drei blinden

Frauen, die meinen Namen trugen und jetzt geheilt waren. Mitten in dieser pinkfarbenen, zerfallenen Diskohalle in Chimoio, Mosambik, legte ich mir die Hände auf die Augen und rief zu Gott: «Lass mich sehen! Lass mich sehen! Öffne meine Augen. Gott, öffne meine Augen!»

Als ich meine Augen aufschlug, sah ich *dich* – ich sah die Braut Christi in der westlichen Welt.

Ich sah, wie die Menschen in der Gemeinde Christi Krümel aßen, die vom Tisch des Vaters fielen. Aber sie sind dazu berufen, an dem himmlischen Tisch der Herrlichkeit zu sitzen und an den göttlichen Speisen teilzuhaben. Ich sah Leute, die unterernährt waren und den Abfall nach Essen durchstöberten, anstatt sich an Gottes unglaublich reichen übernatürlichen Speisen zu nähren. Ich sah Menschen draußen auf der Straße, die gut gekleidet waren – aber dann erkannte ich, dass sie nackt waren.

Dann hörte ich Gott sagen: «Viele sind hungrig, viele sind arm, viele sind nackt, viele sind blind. Ich möchte ihnen frisches Brot vom Himmel geben und meine Augensalbe auf ihre Augen streichen, damit sie sehen können. Wirst du auch diesen Menschen meine Liebe erweisen?»

Egal wo du bist, Gott möchte dir die Blinden, die Kranken, die Sterbenden, die Lahmen und die Verzweifelten um dich herum zeigen. Im Supermarkt oder auf der Straße – überall gibt es Menschen, die hungrig, arm, nackt und blind für Gott sind. Er möchte radikale Taten der Liebe und Barmherzigkeit durch dich vollbringen und dir geistliche Augen geben, damit du vom geistlichen Blickwinkel her sehen kannst.

Ehe diese drei Frauen mit Namen «Mama Aida» vor meinen Augen geheilt wurden, konnte ich nur unter den Ärmsten der Armen arbeiten. Ich konnte die Menschen im Westen nicht verstehen. Sie waren mir zu materialistisch, zu selbstsüchtig, zu selbstzufrieden. Ich konnte nicht sehen, dass auch sie arm und unterernährt sind, dass sie nach Gott hungern. Doch dann öffnete Gott mir die Augen.

Erlaube Gott, dir die Augen durch dieses Buch zu öffnen. Glaube an ein Wunder für dich. Lerne es, in der innigen Liebe Gottes zu leben. Glaube, dass Gott dich – einen wohlgenährten und gut gekleideten Menschen – hungrig, durstig, verzweifelt und von der Liebe des Vaters abhängig machen kann, damit deine Augen diejenigen um dich herum sehen können, die frisches Brot vom Himmel brauchen. Vielleicht fühlst du dich wie jemand in der Wüste, der ohne Wasser verdurstet. Aber sei gewiss: Er kann seinen Geist so über dich ausgießen, dass dein Herz von *der Liebe Gottes ergriffen* wird.

Selig sind die geistlich Armen | 1

Das Gebet führt zum Glauben, der Glaube führt zur Liebe, die Liebe führt zum Dienst an den Armen. [1]

Mutter Teresa

Als wir zuerst in Mosambik ankamen, war das Land von Zerrüttung gekennzeichnet. Der jahrelang wütende Bürgerkrieg hatte ein schreckliches Bild der Verwüstung hinterlassen. Hilfstransporter des Roten Kreuzes wurden in die Luft gesprengt, Flutwellen überschwemmten das Land und forderten unzählige Tote. Hungersnot stand an der Tagesordnung und die Menschen waren von unsagbarem Leid gekennzeichnet. Für uns war das allerdings der ideale Ort, unser Leben völlig hinzugeben. Es war die ideale Situation für das Reich Gottes, in die Finsternis einzubrechen und sich auszubreiten.

Rolland und ich kamen 1995 nach Mosambik, um zu sehen, wie sich das Evangelium im Angesicht des Leides als wahrhaftig erweisen und wie die Herrlichkeit Gottes die Finsternis durchbrechen würde. Wir wollten in der Kraft des Heiligen Geistes Kranke heilen, Tote auferwecken und Menschen von Dämonen befreien. Unser Ziel war es, allein Gott zu dienen und nicht dem Mammon. Die Sorgen um unser Leben – was wir essen, was wir trinken und welche Kleidung wir tragen sollten – wollten wir loslassen und stattdessen Jesu Hände unter den Armen sein. Wir kamen, um Gerechtigkeit, Frieden und Freude unter die Ärmsten der Armen aufzurichten. Wir waren zu einem der heimgesuchtesten Völker gekommen, das wir auf Erden finden konnten – einem Volk, das jahrzehntelang Bürgerkrieg, Unterdrückung und unzählige Epidemien erlitten hatte. Aber vor allem kamen wir, um von ihnen zu lernen. Wir wollten von ihnen alles über das Reich Gottes lernen.

Wir wollten das Evangelium auf die Probe stellen. Wenn Gott in dieser fremden Welt und in diesem Dienst nicht mit uns war, dann wollten wir nicht mehr weitermachen. Wenn wir seinem Wort nicht hundertprozentig vertrauen und folgen konnten, wenn die Bergpredigt einfach nur eine theologische Rede ohne praktische Auswirkungen war, wenn wir nicht die «größeren Werke» tun konnten, die Jesus uns verheißen hat (Johannes 14,12), dann war und ist unsere Missionsarbeit bis auf den heutigen Tag hoffungslos verloren. Wir hatten keinen Rückhalt und keinen Ersatzplan auf Lager. Wir haben bis heute keinen. Wenn Gott nicht eingreift, sind wir verloren. Ohne ihn haben wir nichts.

Überall im Westen erzählen wir den Menschen, dass bei Jesus ganz andere Gesetzmäßigkeiten gelten als bei uns. Wenn er handelt, wird unser Denken völlig auf den Kopf gestellt. Wir haben dies von den Armen gelernt, wenn wir mit ihnen zusammen saßen und sie uns über das Reich Gottes lehrten. Jesus zeigt sich gern in den Schwachen stark. Er verherrlicht sich an denen, die am unscheinbarsten aussehen, die vergessen scheinen, die unangesehen, niedrig und gering sind.

Täglich sehen wir es in Afrika mit den eigenen Augen: von den Armen lernen wir die Geheimnisse des Reichs Gottes. Die Armen führen uns in einen Lebensstil ein, in dem wir immer mehr von uns ablegen und einen noch niedrigeren Weg einschlagen – der einzige Weg, der im Reich Gottes vorwärts führt – bis wir so auf Gott angewiesen sind wie die Armen auf ihr tägliches Brot. Ehe unsere internationalen Besucher wieder von Mosambik abreisen, beten wir immer, dass sie die Schätze der Armen mit nach Hause nehmen. Matthäus 5,3 sagt: «Selig sind die geistlich Armen, denn ihnen gehört das Himmelreich.»

Viele fragen sich, warum Jesus das Reich Gottes den geistlich Armen vorbehält. Warum erleben die wohlhabendsten Kulturen und die reichsten Menschen der Erde weniger Wunder und kommen viel weniger mit der übernatürlichen Kraft Gottes in Berührung? Und was bedeutet es, geistlich arm zu sein? Wir haben die Antwort bei den Armen gefunden.

Es gibt ein bestimmtes Merkmal der Armen, das das Herz Gottes zutiefst bewegt: sie sind zerbrochen. Sie wissen, dass sie bedürftig sind. Die Antwort auf die Frage, warum das Reich Gottes so gewaltig über sie hereinbricht, liegt in ihrer Abhängigkeit, ihrem Hunger, ihrer Bedürftigkeit und ihrer Verzweiflung. Sie sind völlig auf ihn angewiesen.

Ganz angewiesen sein auf Gott

In meinen zwanziger Jahren rief mich Gott zu den Armen. Viele Jahre lang verbarg er mich in den Slums, fern von jeglicher Zivilisation, um zu lernen, meine Unabhängigkeit, meine Ersatzpläne und meine «Das-schaff-ich-schon-selber» Mentalität aufzugeben. Solange wir diese Einstellung haben, wird uns Gott eine Zeit lang unseren eigenen Anstrengungen überlassen.

Nachdem er auch mich eine Weile meinen eigenen Versuchen überlassen hatte, führte er mich zu den Armen, damit ich von ihnen lernte. Die Armen haben mich reich gemacht. In vielerlei Hinsicht waren sie meine Mentoren, vor allem was die Dinge des Geistes betrifft. Wir suchten die erbärmlichsten Slums auf und erklommen mehrmals täglich die neunte Etage in einem brüchigen Gebäude ohne Aufzug, wo sich unsere kleine Wohnung befand. Zweimal stand die Polizei vor unserer Tür, um unsere Tochter Chrystalyn mitzunehmen. Sie war davon überzeugt, dass wir mit ihr Kinderhandel trieben und sie in die Prostitution verkauft worden war, denn keine Ausländer würden freiwillig in diesen Umständen leben! Aber all die Jahre, in denen wir dort in Asien lebten, begegnete mir Jesus täglich in den Gesichtern der Armen.

Jesus ist immer genug. Er starb, damit wir von seinem Vater als Kinder angenommen werden konnten. Ich bete gern das Gebet in Swahili, *Shika Baba*, was so viel heißt wie «Halte dich fest am Vater.» Wir können der Liebe unseres Vaters inmitten von Schmerz und Leid vertrauen. Gott rief mich dazu, die Verlorenen zurück ins Haus des Vaters zu bringen. Und genau das lernte ich in den

Slums von Asien. Und ich lernte, völlig von *ihm* abhängig zu sein. Ich lernte, am Herz des Vaters festzuhalten, egal wie schwierig die Situation war. Mein Vater versorgt mich wirklich und kümmert sich um alle Aspekte meines Lebens.

Keinen Ersatzplan

Seit wir in Mosambik leben, haben wir gelernt, von Gott völlig abhängig zu sein. Wenn Gott nicht eingreift, gehen wir zugrunde. Wenn er nicht auftaucht, sterben wir. In vielen westlichen Gemeinden dekorieren wir den Altar, singen noch ein schönes Lied, lassen die Scheinwerfer aufleuchten und sitzen auf bequemen Stühlen. Das ist zwar an und für sich nicht verkehrt, aber diese Dinge können sehr schnell zum Ersatzplan für die Gegenwart Gottes werden. Was wir wirklich brauchen ist seine Gegenwart. Wir müssen ganz auf ihn angewiesen sein.

In unseren ärmlichen, aus Lehmhütten bestehenden Gemeindegebäuden in Mosambik *müssen* wir die Gegenwart Gottes haben. Und wir brauchen frisches Essen! Ansonsten kommt nämlich niemand. Die Menschen wollen gar nicht in ein Gebäude mit schönen Teppichböden kommen – und selbst wenn wir die in Mosambik hätten, wären sie im Nu verschmutzt und voller Sand und Ungeziefer. Nein, die Menschen kommen, um Gott zu begegnen. Sie kommen, um zu tanzen, zu singen und um geheilt und befreit zu werden.

Wenn Gott nicht erscheint, dann kommt keiner. Wenn Gott nicht heilt, dann sterben die Menschen. Wenn Gott nicht befreit, werden sie von Dämonen gequält. Wir haben auch keinen Plan B in der Hinterhand, um mit neuen Methoden Spenden zu sammeln. Wenn Gott sich nicht um die Kinder kümmert und sie mit allem Nötigen versorgt, können und wollen wir nicht weitermachen.

Jeden Tag sind wir für unser tägliches Brot auf ihn angewiesen, um die Menschenmengen mit Essen zu versorgen. In Jesus haben wir alles, was wir brauchen, denn er starb, damit wir mehr als genug haben. Immer wieder sehen wir zu, wie Gott in Mosambik Essen für die Menschen vermehrt, genauso wie Jesus damals die Fische und die Brote vermehrte und die Hungrigen speiste. Wir erleben, wie Gott die Herzen von Menschen dazu bewegt, den Bedürftigen zu geben. Während den Überschwemmungen in Mosambik haben wir monatelang Zehntausende mit Essen versorgt. Unsere Gottesdienste füllen sich stets mit weiteren hungrigen und verzweifelten Menschen und wir erleben, wie Gott das Essen vermehrt.

Einmal hatten wir ein Abschlussfest für unsere Missions- und Pastorenschule in Pemba, und wir wollten das Fest mit gegrillten Hähnchenstücken – dem Lieblingsessen der Mosambikaner – feiern. Da die Pastoren und internationalen Studenten sehr hungrig waren, gingen sie in den Speisesaal und aßen fast alles auf. Als ich etwas verspätet ankam, liefen die Kinder auf mein Auto zu und riefen entrüstet: «Die Weißen haben alles gegessen und wir haben nichts von dem Hähnchen bekommen!» Das versetzte mich nicht gerade in feierliche Stimmung, und ich ging sofort zur Küche, um zu sehen, was dort los war. Die Köche hatten zwei Kartons voller Hähnchenschenkel für sich beiseite gestellt und bewachten sie streng (Manchmal sind auch die Armen nicht freundlich. Sie können selbstsüchtig sein und genauso wie im Westen Dinge für sich horten).

Draußen warteten mehrere hundert Kinder und Witwen. Ich sagte ihnen, dass sie sich hinsetzen sollten. Wir hatten keinen Reis mehr, aber wir hatten noch etwas von unserem frischen Brot. Ich ließ die Köche das Brot austeilen und dankte Jesus für das, was er jetzt tun würde. Dann nahm ich ein Stück Hähnchen nach dem anderen und verteilte sie unter den Kindern und Witwen. Jesus vermehrte auch an diesem Tag wieder das Essen für uns, und die Kinder waren vor Freude völlig außer sich. Sogar die Köche waren erstaunt.

Auch wenn die Armen nicht unbedingt Glauben für ein Wunder haben, hört Gott in seiner Gnade ihr Schreien und stillt ihren Hunger. Ich fange nun endlich an, Gottes Reich von den Kindern und den Armen her zu verstehen. Sie lehren uns, abhängig und demütig zu sein und alles andere loszulassen, damit Gott uns füllen kann. Sie haben keine Alternativen, keinen Ersatzplan, keine Sicherheiten, keinen Rückhalt. Sie haben einfach nichts anderes als Gott.

Wir wissen, dass wir aus uns selbst heraus nichts tun können. Wir haben keine PowerPoint Präsentation, die wir zeigen können – wir sind schon dankbar, wenn wir überhaupt Strom haben! Es gibt keine Hochglanzbroschüren oder cleveres Werbematerial. Aber was wir haben sind einheimische und internationale Mitarbeiter, die ihr Leben geben, um ein Instrument für Gott zu sein. Und wir schätzen jede Gabe und jedes Talent, das sie mitbringen.

Gott hört den Ruf der Armen, auch wenn ihr Herz nicht ganz rein ist. Er öffnet unsere Ohren, damit wir den Schrei der hungrigen Kinder hören und erweicht unsere Herzen, damit wir ihnen helfen. Er ehrt unseren Glauben und unseren Willen, aufs Äußerste zu gehen, um das zu tun, was notwendig ist. Und Gottes Barmherzigkeit kommt uns in unserer Ohnmacht und Hilflosigkeit entgegen.

Er ist mehr als genug

Warum bricht Gott mit solcher Kraft in Mosambik herein? Die Menschen sind arm im Geist! In Markus 16,15–18, gab Jesus den folgenden Missionsauftrag an seine Gemeinde:

> 15 Geht hin in alle Welt und verkündigt die Heilsbotschaft der
> ganzen Schöpfung! 16 Wer da gläubig geworden ist und sich
> hat taufen lassen, wird gerettet werden; wer aber ungläubig
> geblieben ist, wird verurteilt werden. 17 Denen aber, die zum
> Glauben gekommen sind, werden diese Wunderzeichen folgen: in meinem Namen werden sie böse Geister austreiben,
> mit neuen Zungen reden, 18 werden Schlangen aufheben und,
> wenn sie etwas Giftiges trinken, wird es ihnen nicht schaden; Kranken werden sie die Hände auflegen, und sie werden gesund werden.

Warum erleben wir im Westen so wenig von der Realität dieser Verheißung? Oft haben wir das Gefühl, dass wir schon alles kennen. Gleichzeitig sind wir uns aber auch der schmerzlichen Tatsache bewusst, dass wir noch viel tiefer in das Evangelium eintauchen müssen. Als Nachfolger Jesu sind wir dazu berufen, mehr

Zeit in seiner Gegenwart zu verbringen, damit die Saat, die er sät, aufgehen und Frucht tragen kann.

In Mosambik sehen wir, wie Jesus den Armen sein Reich Tag für Tag schenkt. Wir erleben einen gewaltigen Segen, der aber auch mit unzähligen schweren Prüfungen einhergeht. Wir sagen oft scherzhaft, dass wir außer Desaster in unserem Dienst keine Probleme haben. Dennoch bewahrt uns Gott, genauso wie er es in seinem Wort verheißen hat.

Vor kurzem gab eine Frau an einem Sonntagvormittag im Gottesdienst ein Zeugnis. Sie war voller Dämonen gewesen und hatte von ihrem Medizinmann den Auftrag bekommen, ihre Familie aufzuessen, wodurch ihre schwere Krankheit geheilt werden sollte. Sie hatte sich schon die Arme aufgeschnitten und ihr eigenes Blut getrunken. Als sie zu uns in den Gottesdienst gekommen war, hatte ich sie umarmt und gebetet, dass sie die Liebe Jesu erfahren würde. Einer unserer Pastoren besuchte sie dann in ihrer Hütte, und gemeinsam verbrannten sie alle Fetische des Medizinmanns. Sofort wurde sie frei und mit dem Frieden Jesu erfüllt. Als sie an jenem Sonntag ihr Zeugnis gab, strahlte ihr Gesicht vor Liebe und sie sagte: «Ich habe die Liebe Gottes erlebt. Jetzt werde ich meine Familie nicht mehr aufessen. Jetzt sind sie meine Freunde!»

Eine andere Frau hatte eine noch unglaublichere Geschichte. Seit über 10 Jahren hatte sie an akutem Asthma gelitten und war so von Dämonen besessen, wie wir es nur selten gesehen hatten. Ihr Mann war davon überzeugt, dass sie zur Prostituierten geworden war und wollte sich von ihr scheiden lassen. Als sie zu unserem Gottesdienst in Pemba kam, wurde sie von ihrem Asthma geheilt, von den Dämonen befreit und von der Liebe Jesu erfüllt.

Ihr Mann war sehr beeindruckt, trank aber trotzdem weiter und hatte gewalttätige Wutausbrüche. Eines Tages hatte er solch einen dämonischen Wutausbruch, dass er zusammenbrach und starb. Als ich ihr Zeugnis im Gottesdienst übersetzte, bat ich sie einige Male um Wiederholung, denn was sie als Nächstes erzählte, versetzte auch mich völlig in Staunen. Sie sagte, dass sie froh war, als ihr Mann starb. Sie hatte ihn gehasst, weil er sie jahrelang misshandelt und geschlagen hatte. Sie stellte es sich schön vor, nicht mehr jeden Tag geschlagen zu werden.

Nachdem ihr Mann im Krankenhaus für tot erklärt worden war, entschloss sie sich jedoch, für ihn zu beten. Knapp eine Stunde später war er von den Toten auferweckt – und kam direkt vom Krankenhaus in unsere Gemeinde, um sein Leben Jesus zu geben! Als er wieder zurück ins Leben kam, wurde er auch gleichzeitig von den Dämonen befreit, die ihn jahrelang gequält hatten. Mit einem breiten Lächeln auf dem Gesicht verkündigte der Mann vor kurzem, dass er seit jenem Tag auch keinen Alkohol mehr angerührt hat.

An einem anderen Sonntagmorgen kamen zwei blinde Bettler, die auf Almosen hofften, zu uns in den Gottesdienst. Ich spuckte auf meine Finger und betete zusammen mit einigen unserer Kinder für den ersten Mann. Er konnte auf der Stelle sehen! Der zweite Mann kam ebenfalls nach vorne. Zwei unserer kleinen Mädchen und ich hatten ihn einige Tage zuvor auf unserem Gelände in Pemba gesehen und für seine Heilung gebetet. Ich drehte sein Gesicht in die pralle Sonne und fragte ihn, ob er irgendetwas sehen konnte. Aber er konnte nichts sehen. Seine Augen waren weiß. Ich wusste nicht warum, aber ich antwortete ihm einfach: «Komm am Sonntag zurück und du wirst sehen.»

Und nun stand er da mit seinen weißen Augen. Ich spuckte wieder auf meine Finger und legte sie auf seine Augenlider. Zusammen mit einigen unserer Kinder betete ich für ein schöpferisches Wunder. Vor unseren Augen und denen aller Anwesenden im Gottesdienst veränderte sich die Farbe seiner Augen von weiß zu braun und er konnte sehen! Voller Freude marschierte die gesamte Gemeinde zum Strand, um dort einen Taufgottesdienst zu halten. Er reihte sich in der Schlange der Täuflinge ein und empfing ein wunderbares neues Leben in Jesus.

Gegenseitige Abhängigkeit

Warum bricht das Reich Gottes mit solcher Kraft in Mosambik herein? Einer der Gründe dafür ist, dass die Armen nicht nur auf Gott angewiesen sind, sondern auch aufeinander. Sie brauchen einander. Sie leben in einer Gemeinschaft der gegenseitigen Abhängigkeit. Um überleben zu können, müssen sie miteinander teilen. Wer viel hat, häuft sehr schnell viel an und gibt nur ungern. Aber wer wenig hat, teilt oft bereitwillig. Die Armen geben, ohne sich daran zu erinnern, aber sie empfangen, ohne es zu vergessen. Sie sind wirklich reich, weil sie einfach und vorbehaltlos in ihrer Hingabe sind.

Ich kam nach Mosambik ohne einen Plan oder ein Konzept für die Rettung des Landes. Es war nicht mein Ziel, eine Erweckung zu entfachen. Ich hatte nicht die Vision, Tausende von Gemeinden zu gründen und zu leiten. Ich kam, um die Liebe zu erlernen und ich stehe heute immer noch am Anfang dieses Weges. Ich beginne erst jetzt zu lernen, wie ich mehr lieben kann. Das ist das Ziel meines Lebens. Ich will Gott lieben mit allem, was in mir ist – und ich will meinen Nächsten lieben wie mich selbst.

Als mich Gott zu den Armen rief, tat er das nicht, weil ich ihnen etwa so viel zu geben hätte, sondern weil ich von ihnen lernen und von ihnen empfangen sollte. Ich sollte nicht damit anfangen, ihnen zu dienen, sondern mir von ihnen dienen zu lassen. Mutter Teresa sagte:

> Heutzutage ist es sehr beliebt, über die Armen zu reden. Leider ist es aber nicht so beliebt, mit ihnen zu reden.[2]

Wir müssen mit den Armen reden. Sie sind meine Familie und meine Freunde. Im Vergleich zum Leben in den Wohlstandsgesellschaften des Westens ist das Dorfleben in Afrika sehr unkompliziert und schlicht. Ich verbringe gern Zeit in den Dörfern und freue mich an der Unkompliziertheit der Armen. Wir singen und tanzen bis in die Nacht hinein und beten unseren wunderbaren Jesus an. Es gibt keine Computer, Videos, CD-Spiele und keinen Strom zur Ablenkung. Es ist die Einfachheit ihrer Hingabe, die mich fasziniert.

Die Armen haben mich gelehrt, dass wir empfangen müssen, um (über)leben zu können.

Ich erinnere mich noch genau an den Tag, als Gott mir sagte, dass ich alles aufgeben und mit den Armen in Mosambik leben sollte. Ich rief Rolland an, der noch an seiner Doktorarbeit in England arbeitete. Ich sagte ihm, dass er sich erst mal setzen sollte. Er ahnte schon, was ihm blühte, setzte sich und fragte sogleich nach dem Grund. Ich antwortete ihm, dass Gott mir gesagt hatte, ich sollte alles weggeben und unter den Armen in Mosambik leben.

Wir sprachen darüber und dachten zunächst, es wäre weise, zuerst unser Eigentum in Hong Kong zu verkaufen und dann das Geld zu nutzen, um ein Waisenhaus in Mosambik aufzubauen.

Gott hatte jedoch einen besseren Plan. Er sagte uns, dass wir es weggeben sollten!

Siebzehn Jahre zuvor hatte unsere Arbeit mit einem Hinflug nach Indonesien und dreißig Dollar in der Tasche angefangen. Und siebzehn Jahre später kam ich wieder mit nichts nach Mosambik. Ich saß an einer Straßenecke, ohne eine Unterkunft, Geld oder gute Kontakte zu haben. Ich dachte garantiert nicht, dass ich dazu berufen war, Mosambik zu retten. Wir besaßen lediglich einen kleinen alten Ladewagen, den wir Lazarus nannten – und das zu Recht, denn wir mussten ihn oft von den Toten auferwecken.

Ich bat Gott, mir zu helfen, die Armen zu verstehen. Daraufhin sagte mir Gott, ich solle mich zu den Kindern setzen. Das wollte ich aber nicht. Ich wollte mit den Erwachsenen reden, die logisch denken können. Ich erinnerte Gott daran, dass ich gerade meinen Doktor in systematischer Theologie gemacht hatte und antwortete: «Mit Kindern kann ich nichts anfangen.» Darauf sagte er jedoch nur: «Ab jetzt wirst du etwas mit Kindern anfangen.»

Kindlicher Glaube

> 2 Jesus rief ein Kind, stellte es in ihre Mitte 3 und sagte: «Ich
> versichere euch: Wenn ihr nicht umkehrt und wie die Kinder
> werdet, könnt ihr nicht ins Himmelreich kommen. 4 Darum:
> Wer sich selbst erniedrigt und wie dieses Kind wird, der ist der
> Größte im Himmelreich. 5 Und wer solch ein Kind um meinet-
> willen aufnimmt, der nimmt mich auf.»
>
> Matthäus 18,2–5 (NGÜ)

> Er will, dass wir kindlicher werden, demütiger werden, dankbarer im Gebet werden – dass wir uns daran erinnern, dass wir alle Teil des geheimnisvollen Leibes Christi sind, der ohne Unterlass betet.[3]
>
> Mutter Teresa

Die Kinder haben die Schlüssel zum Reich Gottes. Sie vertrauen mehr als die Erwachsenen. Die Kinder glauben an Wunder, bis ihnen ein Erwachsener erklärt, dass der Glaube an das Unsichtbare Unsinn ist. Ein vierjähriges Kind, egal aus welcher Kultur, glaubt an Wunder. Aber dann kommt ein Erwachsener und belehrt es eines anderen.

Ich habe so viel von meinen Mentoren gelernt – von den Armen und den Kindern. Und durch meine Kinder erfahre ich die Liebe und den Trost Gottes. Als ich vor kurzem von einer Konferenztour zurück nach Mosambik kam, stand am Flughafen ein vier Tonnen schwerer offener Ladewagen voller singenden Kinder, die mich kreischend und jubelnd in Empfang nahmen, als ich aus dem Flugzeug stieg. Einige der anderen Passagiere empörten sich etwas, als die Kinder in das Flughafengebäude stürmten, um mich zu begrüßen und so den Ein- und Ausgang versperrten. Ich konnte mich kaum vorwärts bewegen, weil ich von allen Seiten von Kindern umklammert wurde.

Unsere Kinder sind auch unser Gebetsteam für die Einsätze in den Dörfern. Durch ihren kindlichen Glauben vermehren sich die Wunder. Als wir neulich in einem abgelegenen Dorf im «Busch» in Cabo Delgado waren, übergaben Hunderte von Menschen Jesus ihr Leben. Einer unserer Missionare brachte einen tauben Jungen zu den Kindern. Sie beteten für ihn und er wurde sofort geheilt.

Nachdem die Mutter des Jungen Zeugnis gab, brachten die Leute fünf weitere Taube zu uns. Darunter war auch eine taubstumme Frau, die zudem auch geisteskrank und besessen war. Die Kinder und ich legten einer Person nach der anderen die Hände auf, und in seiner Barmherzigkeit heilte Jesus sie alle. Die Frau konnte nicht nur hören und sprechen, sie hatte auch wieder einen klaren Verstand. Das Reich Gottes gehört wahrhaftig den Kindern! Die Liebe Gottes brachte das ganze Dorf in Aufruhr, und kurz danach gründeten wir dort eine Gemeinde.

Mein Hunger nach Jesus wird nur gestillt, wenn wir immer mehr Kinder aufnehmen und von ihnen mehr über das Wesen des Vaters lernen.

Auf unserer Missionsstation in Pemba versammeln wir uns mit den Kindern und Hunderten von mosambikanischen Pastoren und Bibelschulstudenten in dem von der rötlichen Erde durchzogenen Schmutz. Die meisten haben keine Schuhe, und ihre Kleider sind zerlumpt und zerfranst, aber der Heilige Geist kommt Tag um Tag und verwandelt ihr Leben.

Der Hunger, die Demut und die Ohnmacht der Menschen sind für Gott unwiderstehlich. Als ich bei der Abschlusszeremonie unserer Bibelschule predigte, kam die Gegenwart des Heiligen Geistes und füllte unsere schlichte Zusammenkunft unter freiem Himmel. Keiner der Pastoren konnte mehr stehen, so gewaltig war die Kraft des Heiligen Geistes. Hier in Afrika haben wir keine stillen, andächtigen Gottesdienste! An jenem Tag wurden unsere freudestrahlenden, demütigen Pastoren als Träger seiner Herrlichkeit in die dunkelsten Gebiete von Mosambik ausgesandt. Sie studieren das Wort und sehnen sich danach, dass das Reich Gottes auch ihre Provinzen durchdringt. Sie haben mir echten Reichtum gezeigt. Das Reich Gottes gehört den geistlich Armen.

Nach der Abschlusszeremonie hatten wir auch noch eine Hochzeit. Nach dem Abendessen mit unseren Mitarbeitern und Kindern nahmen wir zehn der Kinder übers Wochenende mit in unser Haus. Wir beobachten, wie Gott den verwaisten Geist der Kinder in einen starken Geist der Sohnschaft verwandelt. Wir sehen, wie Gott aus den Kindern, die wir auf der Straße und auf der Müllhalde aufgelesen haben, ein Heer von Predigern und Pastoren heranzieht. Diese Kinder sind unser Erbe auf Erden. Wir lieben sie von Herzen, denn wahrlich, das Reich Gottes gehört den Kindern!

Heilige Verzweiflung

4 In allem empfehlen wir uns als Diener Gottes: wenn unbe-
irrte Standhaftigkeit gefordert ist, wenn wir in Nöte, Bedräng-
nisse und ausweglose Lagen geraten, 5 wenn wir ausgepeitscht
werden, wenn man uns ins Gefängnis wirft, wenn wir uns ei-
ner aufgehetzten Menge gegenüber sehen, wenn wir bis zur Er-
schöpfung arbeiten und wenn wir ohne Schlaf und ohne Essen
auskommen müssen. 6 Wir empfehlen uns durch ein geheiligtes
Leben, durch geistliche Erkenntnis, durch Geduld und durch
Freundlichkeit. Wir empfehlen uns dadurch, 7 dass der Heilige
Geist durch uns wirkt, dass unsere Liebe frei ist von jeder Heu-
chelei, dass wir die Botschaft der Wahrheit verkünden, dass wir
unseren Auftrag in Gottes Kraft ausführen und dass wir für An-
griff und Verteidigung von den Waffen Gebrauch machen, die
im Dienst der Gerechtigkeit stehen. 8 Wir erweisen uns als Got-
tes Diener, ob wir nun geehrt oder geschmäht werden, ob man
Schlechtes über uns redet oder Gutes. Wir werden als Betrüger
angesehen, aber wir halten uns an die Wahrheit. 9 Wir werden
nicht beachtet und sind doch anerkannt. Ständig sind wir vom
Tod bedroht, und doch sind wir – wie ihr seht – immer noch
am Leben. Wir werden schwer geplagt und kommen doch nicht
um. 10 Wir erleben Dinge, die uns traurig machen, und sind doch
immer voll Freude. Wir sind arm und machen doch viele reich.
Wir besitzen nichts, und doch gehört uns alles.

2. Korinther 6,4–10 (NGÜ)

Durch ihren Hunger haben mich die Armen auch Verzweiflung gelehrt. Wenn ich an Verzweiflung denke, dann denke ich an Antonio, einen völlig verkrüppelten Mann. Meine Assistentin Shara fuhr in einem Landrover voll mit singenden Kindern in die Stadt, als sie Antonio im Schmutz auf der Straße kriechen sah. Er trug Flipflops an seinen Händen und bewegte sich auf allen vieren fort. Shara nahm ihn zu unserer Bibelschule mit.

Bevor wir ihm eine Lehmhütte bauen und ein Transportmittel für ihn arrangieren konnten, legte er jeden Tag die Wegstrecke zur Bibelschule kriechend auf den Händen und Knien zurück.

Als unsere mosambikanischen Pastoren für ihn beteten, gab er Jesus sein Leben. Shara trug ihn auf dem Rücken zum Strand und taufte ihn. Antonio kam mit einem breiten Lächeln auf seinem Gesicht aus dem türkisfarbenen Wasser wieder hervor. Jetzt verkündigt er das Evangelium, wo immer er auch hinkriecht.

Genauso wie Paulus es schrieb, besitzen die Armen in ihrer Armut alles, weil sie Gott haben. Mutter Teresas Worte helfen, dem Herz Jesu für sein Volk Ausdruck zu geben:

> Hungrig nach Liebe schaut er dich an.
> Durstig nach Erbarmen bittet er.
> Frierend um Treue blickt er auf dich.
> Krank und gefangen hofft er auf deine Freundschaft.
> Auf der Suche nach Schutz sucht er dein Herz.
> Wirst du ihm antworten?[4]

Wir können das Angesicht Gottes in den Armen sehen:

> 40 «... Wahrlich ich sage euch: Alles, was ihr einem von diesen meinen geringsten Brüdern getan habt, das habt ihr mir getan.» ...
> 44 Dann werden auch diese antworten: «Herr, wann haben wir dich hungrig oder durstig, als einen Fremdling oder ohne Kleidung, wann krank oder im Gefängnis gesehen und haben dir nicht gedient?» 45 Dann wird er ihnen zur Antwort geben: «Wahrlich ich sage euch: Alles, was ihr einem von diesen Geringsten nicht getan habt, das habt ihr auch mir nicht getan.»
>
> Matthäus 25,40.44–45

Wir tun alles für ihn – in Jesus, durch Jesus, mit Jesus, an Jesus. Wir stellen uns ihm völlig zur Verfügung. Was für eine Freude, unser Leben für die Liebe zu geben!

Reich vs. Arm

Was bedeutet es jedoch, geistlich arm zu sein? Bedeutet es, finanziell arm zu sein? Ich glaube, Jesus meint mit geistlicher Armut eine Herzenshaltung, bei der wir uns ihm völlig ausliefern, ihm völlig hingegeben sind, unsere eigene Ohnmacht erkennen und von ihm allein abhängig sind. Er möchte auch, dass die Reichen und die Mittelklasse geistlich arm sind und erkennen, dass sie ihn brauchen.

Gott bringt mich oft direkt von den Ärmsten der Armen zu den finanziell Reichen. Ich spüre, dass ich die Schätze der Armen auf einfache Weise der wohlhabenden Gemeinde Christi bringen kann, die einen großen Bedarf an Schlichtheit hat.

Vor kurzem sprach Gott zu mir über sein Verlangen nach Vermehrung. Er will ein Heer von hingegebenen Anbetern aufrichten – Menschen, die bereit sind, um der Liebe willen alles vor ihm niederzulegen und ihm zu dienen, die seine Herrlichkeit bis ans Ende der Erde tragen. Jesus zeigte mir eine Bewegung von Studenten und Freiwilligen, eine große Menge von hingegebenen jungen Leuten, die in Leidenschaft und Liebe das Evangelium zu jedem Stamm und jeder Sprache tragen. Ich hatte eine Vision, in der ich mich an Eliteuniversitäten sprechen sah, und kurz darauf sandte mich Gott zur Harvard Universität – genau dahin, wo die erste große Erweckung in Amerika seine Anfänge nahm.

In der Kapelle von Harvard machte ich einen Aufruf an alle Studenten, die sich im tiefsten Inneren vaterlos und verwaist fühlten. Der Vater offenbarte mir sein Herz für die Jugend Amerikas. Genauso wie er unsere Kinder in Mosambik heilt, will er auch die jungen Leute in Amerika heilen. Von allen Seiten strömten Studenten nach vorne. Der Heilige Geist begann, sie zu berühren, und überall fingen die jungen Studenten an, zu weinen. Manche gaben Jesus ihr Leben, viele wurden geheilt. Aber vor allem wurde Jesus in Harvard angebetet!

Einer der jungen Studenten kam nach vorne und ich sah gleich, dass er arm im Geist war, obwohl er in den Augen der Welt viel besaß. Er sagte: «Ich will den Gott kennenlernen, von dem Heidi spricht. Aber mein Verstand ist mir im Weg.» Wir beteten, dass sein Herz größer wird als sein Verstand. Ich ließ einen der Leiter rufen, um ihn in den Arm zu nehmen. Gott der Vater wollte ihm seine Liebe zeigen. Später am Abend sah ich, wie er Jesus voller Leidenschaft anbetete. Er rief: «Ich spüre Gott, ich kann ihn spüren! Er ist so stark!»

Geistlich arm sein ist eine Herzenshaltung, nicht eine wirtschaftliche Lage. Von Harvard bis Mosambik begegnet Gott all denen, die nach ihm verlangen und ihn suchen. Ich weiß, dass Gott dieses Heer von gehorsamen Anbetern aussenden wird – von den Kindern Afrikas bis hin zu den Studenten der Eliteuniversitäten – die ihr Leben hingeben, sogar bis in den Tod. Das sind die Menschen, die von der Liebe Gottes ergriffen sind und wie Jim Elliot erkannt haben: «Der ist kein Narr, der gibt was er nicht behalten kann, um zu gewinnen, was er nicht verlieren kann.»[5]

Auf jener Reise kam ich direkt von den mit Marmor geschmückten Fußböden Harvards zu den Lehmhütten einer unserer Missionsstationen in Mosambik zurück, um die nächste Konferenz mit den Armen zu halten. Genauso wie in Harvard zeigte sich Gott auch hier auf wunderbare Weise. Ich bat den Heiligen Geist, die Menschen zu berühren und er brach plötzlich wie ein Wirbelwind herein. Überall fielen die Leute zu Boden. An dem Abend wurden mehr Menschen geheilt, als wir zählen konnten. Wir brauchten ihnen nicht einmal die Hände aufzulegen.

Nach dem Abendgottesdienst stieg ich in unseren Landrover, um nach Hause zu fahren. Da kamen einige unserer Jungen auf mich zu und baten mich, für einen Neuankömmling im Kinderzentrum zu beten. Er war blind. Die Gegenwart Gottes kam auf ihn und er wurde geheilt. Die Jungen waren außer sich vor Freude. Sie tanzten und riefen: «Wir wussten, das Gott ihn heilen würde!» Diese Jungen kamen geistlich arm und sehnten sich danach, ein Wunder an ihrem Bruder zu sehen. In seiner großen Liebe öffnete Gott die blinden Augen des Jungen.

Ein Ruf an Alle: Jeder ist eingeladen

Ich bin davon überzeugt, dass geistliche Armut eine Entscheidung ist, die wir alle treffen müssen. Es ist die Entscheidung, einen noch niedrigeren Weg einzuschlagen und völlig von dem Einen abhängig zu sein, auf den wir uns immer verlassen können.

Gott antwortet auf unseren Hunger und Glauben. Gott will, dass all seine Kinder von Barmherzigkeit erfüllt werden und nicht in Unglauben zurückschrecken. Ob reich oder arm, wenn du dich nicht mehr vor den Problemen der Welt verstecken willst, wenn du Anteil an Gottes Reich haben willst, wenn du den Toten Leben bringen willst – dann ist Jesus mehr als genug. Wir brauchen Gott, und wir brauchen einander.

Gott ruft uns auf, eins mit ihm und miteinander zu sein. In Pemba haben wir Missionare aus der ganzen Welt, die mit Mosambikanern zusammen ein Team bilden. Vor kurzem hörten wir während des Ramadans einen erstaunlichen Radiobericht, der von einer unerreichten Völkergruppe verkündet wurde: «Wir sind dabei, den Kampf gegen Ministério Arco-Íris (Iris Ministries) zu verlieren. Wir können mit ihnen nicht mithalten», sagten sie. «Sie speisen die Armen, sie nehmen die Waisen auf, Tote werden auferweckt, die Blinden sehen, die Lahmen gehen und die Tauben hören. Wir sind dabei, den Kampf zu verlieren.»

Gott hat einen Strom der übernatürlichen Liebe, Freude und Hoffnung für die Armen und Leidenden in Afrika über uns ausgegossen. Der Ruf Gottes heute an uns ist – egal ob arm oder reich – in ihm zu ruhen, ihn von ganzem Herzen, mit ganzer Seele und mit ganzer Kraft zu lieben und unseren Nächsten zu lieben wie uns selbst. Dafür ist Jesus gestorben.

Wir möchten alle, dass die Herrlichkeit Gottes die Erde erfüllt wie das Wasser das Meer (Habakuk 2,14). Mein Gebet ist es, dass Jesus dich noch mehr in die Tiefe seines Herzens führt. Ich bete, dass du zu seinen Füßen liegst und in ihm ruhen kannst, dass du ihm alles geben und ihm in allem vertrauen kannst. Dann kann er auch dir alles anvertrauen. Die Erweckung ist unterwegs. Ganze Völker werden zu ihm kommen und vor ihm niederknien. Er verändert uns mit einem einzigen Blick seiner so liebevollen Augen. Wenn wir in seine Augen geschaut haben, fürchten wir uns nicht mehr, uns ihm vorbehaltlos hinzugeben.

Zum Nachdenken

Selig sind die geistlich Armen, denn ihnen gehört das Himmelreich.

Ich glaube, dass die Arbeit der Gemeinde Christi in dieser fortschrittlichen und reichen westlichen Hemisphäre schwieriger ist als in Kalkutta, im Südjemen oder in anderen Gebieten, wo sich die Not der Menschen auf den Bedarf an Kleidung gegen die Kälte oder Reis gegen den Hunger beschränkt. Jede Geste ist willkommen, die ihnen nur zeigt, dass sich jemand um sie kümmert und sie liebt. Im Westen gehen die Probleme viel tiefer. Die Probleme sind in der Tiefe ihrer Herzen.[6]

Mutter Teresa

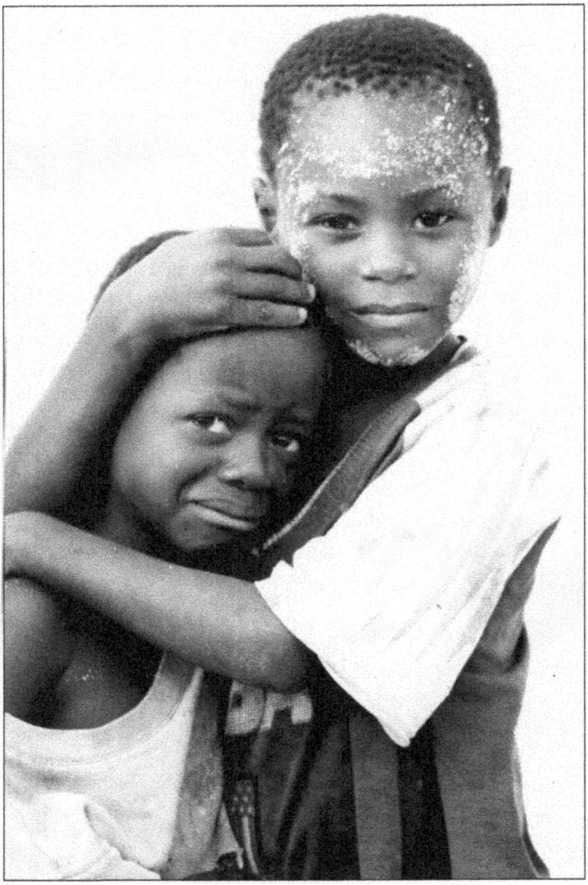

Selig sind die Trauernden | 2

Sei gütig und barmherzig. Lass keinen Menschen von dir gehen, ohne dass er sich besser fühlt und glücklicher ist. Sei ein lebendiger Ausdruck der Güte Gottes: mit Güte in deinem Angesicht, Güte in deinen Augen, Güte in deinem Lächeln, Güte in deinem warmen Gruß. In den Slums sind wir das Licht der Güte Gottes für die Armen. Schenk den Kindern, den Armen, den Leidenden und Einsamen immer ein Lächeln – schenk ihnen nicht nur deine Fürsorge, schenke ihnen auch dein Herz.[1]

Mutter Teresa

Der Herr sucht nach Anbetern mit einem dienenden Herzen, die die Ausgestoßenen der Welt in das Reich Gottes rufen. Er sucht nach Menschen, die bis ans finsterste Ende der Erde gehen und die Verstoßenen heim zum Vater bringen. Denn sie werden kommen. Doch wer wird gehen und sein bequemes Leben aufgeben, um die Zerbrochenen nach Hause zu führen? Wer wird zu denen gehen, die trauern? Der Herr will, dass sein Haus voll wird. Es ist Zeit, dass wir zu den Armen, den Zerbrochenen, den Obdachlosen, den Sterbenden und den Einsamen gehen und sie ins Haus des Vaters rufen. Viele Tausende werden benötigt, um die finstersten und vergessensten Orte der Welt zu erreichen, denn das Hochzeitsmahl des Lammes steht kurz bevor. Es gibt noch so viele Trauernde, die durch die Liebe des Vaters getröstet werden müssen. So viele müssen noch ins Reich Gottes gerufen werden.

Sie werden kommen

Legt die Sichel an, denn die Ernte ist reif...

Joel 4,13

Viele Gläubige in den westlichen Gemeinden sind enttäuscht, weil sie keine Ernte sehen. Angesichts der geringen Frucht sind sie entmutigt, und sie fragen sich nach dem Grund für die karge Ernte. Aber trotzdem gehen sie immer wieder zu denselben Menschen und versuchen, dieselbe Zielgruppe zu erreichen.

Im Gleichnis vom großen Hochzeitsmahl in Lukas 14,15–24 wollten die Reichen jedoch nicht kommen, weil sie zu beschäftigt waren. Doch ihre Vorwände gelten bei Gott nicht. Heutzutage ist es nicht anders. Viele Reiche und Wohlhabende sind mit ihren eigenen Angelegenheiten beschäftigt und haben viele Ausreden. Trotzdem bemühen sich die meisten Christen in der westlichen Gesellschaft immer wieder um die Wohlhabenden und fragen sich dann, warum nur so wenige die Einladung annehmen. Die Armen hingegen können sich keine Ausreden leisten und kommen eifrig zum Mahl, wenn sie eingeladen werden. Es gibt so viele Arme und Verlorene in den wohlhabenden Ländern, aber die Gemeinde Christi ist oft nicht dazu ausgerüstet, sie zu erreichen.

Jesus will in uns die Liebe zu diesen Menschen erwecken, aber zuerst muss die Gemeinde selber wach werden! Wir sind noch nicht bereit für das große Hochzeitsmahl, weil das Haus des Vaters noch nicht voll ist. Wir müssen die Verlorenen, die Zerbrochenen und die Trauernden erreichen, aber wie? Obwohl die Ernte groß ist, gibt es nur wenige Arbeiter, die das Herz Gottes in sich tragen. Unser Leben muss eine lebendige Verkörperung der Liebe Jesu sein, wenn wir in der Welt jemals effektiv dienen wollen.

Der Herr sucht nach Anbetern, die mit seiner leidenschaftlichen Liebe erfüllt sind. Er sucht nach denen, die die Wiederkunft des Bräutigams ersehnen, die schon einen Vorgeschmack auf das Hochzeitsmahl haben und wissen, dass es kurz bevor steht. Diese Menschen können jedoch nicht an einem bequemen Leben festhalten. Sie sind so von der Liebe Gottes ergriffen, dass sie ihr etabliertes Leben hinter sich lassen, in die Finsternis hinausziehen und die Armen, Verkrüppelten, Blinden und Lahmen ins Reich rufen, um ihnen die Liebe des Vaters zu zeigen. Und die Menschen werden kommen.

Die Trauernden trösten

Ich bin eine Gefangene der Liebe. Mein ganzes Leben habe ich für die Liebe hingegeben und darin Gottes Herrlichkeit und unaussprechliche Freude erfahren. Auch wenn uns viel Leid widerfährt, tragen wir in jeder Situation diese Freude in uns. Nicht immer erleben wir ein Wunder der Heilung, und wenn eins unserer Kinder in unseren Armen stirbt, trifft uns tiefer Schmerz und Trauer. Aber gleichzeitig wissen wir, dass Jesus diese wertvollen Kleinen direkt zu sich in seine Arme nimmt. Unser Herz füllt sich mit Freude, denn wir wissen, dass Jesus sie mit seiner vollkommenen Liebe umgibt. Und er tut es viel besser, als wir das auf Erden tun könnten. Das ist unser Trost.

In einem Jahr starben einmal innerhalb einer Woche acht unserer Kleinkinder. Ich war völlig erschöpft und verstand die Welt nicht mehr. Ich liebte sie so sehr und stellte die Frage, die sich so viele stellen: Warum? Sie schienen einfach alle zu sterben, eins nach dem anderen. Ich fragte Jesus, was für einen Sinn meine Tätigkeit überhaupt hatte. Jesus antwortete mir jedoch: «Egal, wie es ausgeht, du hast gewonnen, denn deine Liebe hat ihnen Leben geschenkt.»

In einer Vision sah ich Jesus mit ausgestreckten Armen vor mir, wie er die Babys in Empfang nahm. Meine unglaubliche Trauer fand einen Trost in der Gewissheit, dass wir die Kinder aus der völligen Hoffnungslosigkeit und Verzweiflung gerettet hatten. Wir wussten, dass wir ihnen die Liebe Gottes gezeigt hatten.

Viele weitere Fragen kamen in mir auf: Wie können wir inmitten einer sterbenden Menschheit die Hände und Füße Jesu sein? Wie können wir Trost spenden? Wie können wir die Liebe Jesu in einer Kultur verkörpern, die völlig zerbrochen ist? Wie können wir in einer Kultur, die trauert und tief bekümmert ist, die Güte und Barmherzigkeit Jesu verkörpern? Und wie kannst *du* hier und jetzt ein Segen für die Armen sein? Es gibt nur einen Weg: die Verkörperung der Liebe selbst. Nur fleischgewordene, göttliche Liebe kann zerbrochene Herzen erreichen! Es muss inkarnatorische Liebe sein. Lass mich erklären, was ich hiermit meine.

Alle Kulturen haben einen gemeinsamen Nenner: Elend und Schmerz. Von Korea bis Mosambik, von Brasilien bis Amerika hat jede Gesellschaft viele Nöte und verspürt Mängel, die wir identifizieren müssen. Dann können wir ihren Nöten begegnen und den Menschen Trost spenden. Die Aufgabe eines Predigers ist nicht, auf dem Podium zu stehen, zu einer großen Menschenmenge zu sprechen und von einem riesigen Kamerateam gefilmt zu werden. Unsere Aufgabe ist es, die Liebe Gottes zu verkörpern. Genauso wie Jesus die fleischgewordene Liebe Gottes auf Erden war, so müssen auch wir die menschgewordene, göttliche Liebe sein. Unsere Aufgabe ist es, zu lieben, und zwar jeden Menschen einzeln, einen nach dem anderen. Wir sind dazu berufen, Tag für Tag für jeden Einzelnen da zu sein, um der Leidenden und Trauernden willen anzuhalten und ihnen zur Seite zu stehen.

Und das kann jeder tun. Dazu braucht man kein Geld wie etwa für große Evangelisationskampagnen! Die einfachste Art, wie wir die Liebe Gottes verkörpern können, ist, jemanden in unsere Arme zu nehmen, ihm in die Augen zu schauen, ihn mit einem liebevollen Wort zu ermutigen oder ihm ein Lächeln zu schenken. So können wir zur guten Botschaft sowohl für die Armen als auch für die Reichen werden. Wir müssen die Liebe Gottes widerspiegeln, die Liebe für den anderen *sein* und die frohe Botschaft erfüllen.

Du bist dazu berufen, die Zerbrochenen zu lieben, bis sie die Liebe Gottes durch dich erkennen und verstehen – eine Liebe, die niemals versagt.

Gewiss, Gott will dich auch für Zeichen und Wunder gebrauchen. Aber was Menschen wirklich brauchen ist die Verkörperung der Liebe Gottes durch dich.

Diese Liebe kannst du jedoch erst dann widerspiegeln, wenn du sie zuerst selbst erlebt und erkannt hast. Du musst selbst zuerst sein Angesicht sehen. So dicht musst du am Herzen Gottes leben, dass du spüren kannst, was andere fühlen. Ich möchte in der Verborgenheit seines Herzens leben, damit seine Gedanken zu meinen Gedanken werden und seine Wege zu meinen. Nur so können wir die Welt erreichen.

Constancia

Einige Menschen wissen bereits schon sehr früh, dass sie eine Berufung für die Mission haben. Andere wollen noch herausfinden, wozu sie berufen sind. Wenn wir an Berufung denken, meinen wir damit jedoch oft die großen Werke. Lass jedoch dies deine Berufung sein: Tröste einen Trauernden. Tröste eine trauernde Frau, ein trauerndes Kind, einen trauernden Mann. Tröste.

Die meisten meiner persönlichen Helden stammen aus Ländern der Dritten Welt. Einer meiner Heldinnen ist Constancia, die mir gezeigt hat, wie viel Segen darin liegt, die Trauernden zu trösten. Segen und echte Erfüllung kommt von den Trauernden. Ich erinnere mich noch an den Tag, als ein etwa vierjähriges Mädchen auf den Treppenstufen unserer Bäckerei lag. Sie war auf schreckliche Weise vergewaltigt und dann ausgesetzt worden.

Ich vollbrachte keine ‹großen historischen Werke›, ich begann auch keine Evangelisationskampagne. Ich sah einfach nur dieses abgemagerte Kind und dachte: «Gott, hierzu hast du mich erschaffen, das ist meine Berufung – bei dem Einzelnen stillzustehen und dieses Kind in meine Arme zu nehmen.» Meine Berufung war direkt vor mir, nämlich hier und jetzt zu trösten.

Constancia konnte nur weinen. Sie konnte nicht sprechen, sie konnte nur schluchzen und ich fragte mich: «Wie sieht die Liebe Jesu zu diesem Menschen aus? Wie sieht es aus, einer Bevölkerungsgruppe oder diesem ganzen Land Jesus zu sein?»

In Matthäus 5,4 heißt es: «Selig sind die Trauernden, denn sie werden getröstet werden.»

Ich tröstete. Ich nahm Constancia wie mein eigenes Kind an. Dieses kleine Mädchen war der Inbegriff von Trauer und Kummer. Noch nie hatte ich so viel Traurigkeit und Tragik in einem so kleinen, zerbrechlichen Wesen gesehen. Jedes Mal, wenn ich dieses kleine Mädchen anschaute, brach mir das Herz. Ich schaute sie an, aber sie konnte nur weinen.

Wie tröstet man die Trauernden? Ich hielt sie einfach in meinen Armen und wiegte sie hin und her.

Zu der Zeit hatten wir noch nicht viele Mitarbeiter, sondern nur zwei Hausmütter und einen Freiwilligen aus Großbritannien. Ich verbrachte den ganzen Tag damit, weinende Kinder zu halten. Eins nach dem anderen nahm ich und hielt sie in den Armen, wiegte sie hin und her und trocknete ihre Tränen.

Hier war dieses kostbare, ausgestoßene Kind, das so viel Schmerz erlebt hatte, dass es nicht einmal mehr sprechen konnte. Constancia hatte so viel an Trauma und Schrecken erlebt, dass sie verstummt war. Stille Tränen strömten ihr unaufhörlich über das Gesicht.

Wie sollte der Trost für Constancia und all die anderen wie sie aussehen? Ich fragte Gott, warum es so viel Leid auf dieser Welt gibt, warum es so viel Schmerz und so viel Qual gibt. Und ich fragte ihn, was Trost bedeutet. Ich fragte ihn, wie der Trost für diese Menschen aussieht.

Ich bekam jedoch keine Antwort. Stattdessen hielt ich nur dieses kleine Mädchen und trocknete seine stillen Tränen. Aber Gott beantwortete meine Gebete und sandte Constancia eine besondere Freundin namens Beatrice.

Beatrice

Beatrice wurde halbtot unter einem Baum gefunden, als sie etwa acht oder neun Jahre alt war. Sie hatte rote, entzündete Augen, einen geschwollenen Bauch, Skabies[2] und Läuse. Sie war furchtbar missbraucht worden und schluchzte vor Schmerz und Elend. Auch sie brachte kein Wort über ihre Lippen.

Wir brachten Beatrice ins Krankenhaus. Als die Ärzte mit unserem Team sprachen, sagten sie, dass sie sterben würde. Ich erinnere mich noch daran, wie ich in ihr Gesicht schaute. Ich sah ihre Augen. Fliegen schwirrten um ihr Gesicht und hatten sich in ihre entzündeten Augen eingenistet. Ihr Gesicht war von der Skabies völlig entstellt, und überall hatte sie offene Wunden.

Ich schaute in ihre Augen und erstarrte. Ich werde diesen Moment niemals vergessen, als sie meinen Blick erwiderte und mir in die Augen schaute: Ich sah Jesus! Ich hielt Beatrice in meinen Armen und schenkte ihr meine Liebe. Jesus schaute mich durch dieses kleine Mädchen an. Ich hörte deutlich, wie er zu mir sagte: «Was immer du für dieses kleine Mädchen tust, das tust für mich.»

Manch einer denkt vielleicht, dass Missionsarbeit oder vollzeitlicher Dienst ein großes Abenteuer ist. Tatsächlich bedeutet beides jedoch, einfach nur den Menschen zu lieben, den Gott uns auf unseren Weg stellt. Es bedeutet, für den Einzelnen da zu sein und einer verlorenen und sterbenden Welt der Wohlgeruch Jesu zu sein.

Darum tue ich das, was ich tue. Und ich bin erst blutige Anfängerin. Gott sagt immer wieder zu mir: «Heidi, deine Aufgabe ist es, zu lieben. Was auch immer du für den Geringsten tust, das tust du für mich.» Oft wollen wir die großen Werke tun und machen alles so kompliziert. Aber unser Auftrag ist ganz einfach: Wenn dir ein Kranker begegnet, bring ihm Heilung. Begegnet dir ein Hungriger oder ein Durstiger, gib ihm zu essen oder zu trinken. Kleide die Nackten, und zeige den Zerbrochenen, den Schwachen und den Erschöpften Gottes heilende Liebe. Und wenn du auf einen Trauernden triffst, dann tröste ihn.

Im Dienst zu stehen bedeutet, den anderen so zu lieben, wie Jesus ihn liebt und die Seligpreisungen durch unser Leben zu verkörpern. Echte Mission heißt, so von der Liebe Gottes ergriffen zu sein, dass Gott sein Leben und sein Wesen durch uns widerspiegeln kann. Mission bedeutet, die Bergpredigt auf der Bühne der Erde vorzuleben.

Als ich Beatrice hielt, bekam ich selbst Skabies und Läuse. Aber das war mir egal. Mein einziges Ziel war es, mehr zu lieben.

Als meine Tochter Crystalyn Beatrice zum ersten Mal sah, lief sie zu mir. Auch Christy hatte in ihren Augen Jesus gesehen und sagte: «Mama, Beatrice ist so wunderschön. Ich möchte ihr mein bestes Kleid schenken.» Dabei hatte Christy selbst nur drei Kleider! Aber meine Kinder sind reich, denn sie wissen, wie man teilt; sie wissen, wie man liebt!

Als uns die Ärzte sagten, dass Beatrice sterben würde, widersprach ich ihnen und antwortete: «Beatrice wird leben und nicht sterben.» Denn ich kenne meinen Jesus, ich kenne die Heilige Schrift! Und mit großer Freude sah ich, wie Beatrice genas. Sie wollte das Kleid nie wieder ausziehen, das Christy ihr geschenkt hatte. Sie konnte es einfach nicht glauben, dass es jetzt ihr gehörte. Sie trug es so lange, bis es eines Tages in meiner Hand zerriss.

Durch dieses kleine Mädchen legte mir Gott die Seligpreisungen aus. Beatrice hatte Liebe. Sie war meine Lehrerin in Sachen Liebe. Beatrice war die Personifizierung des Trostes für jemanden, der tief zerbrochen und von Leid und Trauer zermürbt war. Weil Beatrice Leid und Trauer kannte, konnte sie unsere wunderschöne, kleine, stumme Constancia verstehen.

Es war gar nicht kompliziert. Ich beobachtete, wie Beatrice still vor Constancia stand. Nur ein paar Wochen nach ihrem Krankenhausaufenthalt nahm Beatrice die kleine Constancia in die Arme und trug sie umher. Tag für Tag umhegte sie dieses kleine Mädchen mit Liebe.

Sie besaß keine Plakate, keine Broschüre, kein Buch, keinen Unterstützerkreis und auch keine Anfragen für Rednerengagements. Aber sie hat einen Dienst, der den Menschen auf Erden das Herz Gottes zeigt. Sie tauschte ihren Schmerz gegen seine Freude ein. Sie tauschte ihre Asche gegen seine Herrlichkeit. Sie lernte zu lieben.

Von der Erweckung hatte sie noch niemals gehört und sie wusste auch nicht, was das Wort überhaupt bedeutet. Aber sie zeigte mir den Schlüssel zur Erweckung. Zu dem Zeitpunkt hatte ich noch nicht erkannt, dass die Seligpreisungen Gottes Strategie für Erweckung sind. Der Lebensstil der Seligpreisungen bringt das Reich Gottes auf die Erde und führt seinen Willen auf Erden aus.

Sterben, um zu leben

An dem Tag, als sich Beatrice und Constancia taufen lassen wollten, hatten wir kein sauberes Wasser. Es war ein glühend heißer Tag in Mosambik und wir hatten nur einen Schmutzwassertank mit grünem, abgestandenem Wasser. Als einer nach dem anderen ins Wasser stieg, wurde es immer schmutziger, denn niemand hatte sauberes Wasser, um sich zuvor zu waschen. Trotz dieser Umstände standen Hunderte an, die sich taufen lassen wollten.

Plötzlich stand Constancia vor mir. Ich sah sie an und hatte sogleich Bedenken. Ich fragte mich, ob ich dieses kleine Kind überhaupt taufen konnte. Sie sprach ja nicht, und wie sollte ich wissen, ob sie tatsächlich ihr Leben Jesus gegeben hatte?

So redete ich mit ihr und fragte sie in ihrer Sprache: «Weißt du, was es bedeutet, zu sterben? Das ist die Bedeutung der Taufe: du musst in diesem Wasser sterben. Dann kommst du als eine neue Schöpfung wieder hervor. Dein altes Leben wird untergetaucht und stirbt – und du wirst als ein neues Geschöpf auftauchen.»

Ich sah sie an, und wie immer strömten Tränen über ihr Gesicht. Wortlos nickte sie einfach ihr Ja. Sie hatte keine Eltern. Sie besaß keine Geburtsurkunde. Niemand wusste, wie alt sie war. Seitdem sie so furchtbar misshandelt und so oft missbraucht worden war, sprach sie auch kein Wort mehr. So nahm ich dieses kleine Kind in meine Arme und tauchte ihren kleinen, zerbrechlichen Körper im Namen des Vaters, seines Sohnes Jesus und des Heiligen Geistes in das schmutzig grüne Wasser. Als sie aus dem Wasser hervorkam, strahlte ihr ganzes Gesicht!

Es war einer der wunderbarsten Tage meines Lebens. Constancia drehte sich zu mir um und sagte die ersten Worte, die ich jemals von ihr gehört hatte: «Mama Aida, ich möchte den Kinderchor leiten.»

Das ist geistlicher Dienst. Unzählige Male habe ich miterlebt, wie die Blinden ihr Augenlicht erhalten haben. Fast jede Woche bin ich Zeuge davon, wie die Tauben wieder hören. Ich habe gesehen, wie die Glieder von verkrüppelten Menschen geheilt wurden und sie wieder völlig normal gehen können. Tausende sind in meinem Beisein zu meinem Jesus gekommen. Aber eins meiner größten Erlebnisse war, als ich Constancia zum ersten Mal sprechen hörte! Reine Liebe, die ein zerbrochenes Herz heilt, ist die Treibkraft für meinen Dienst.

So oft suchen wir das Reich Gottes in Zahlen und Menschenmengen. Wir wollen, dass unsere Gemeinden wachsen und uns gut aussehen lassen. Aber das Reich sieht ganz anders aus. Es setzt sich aus Kindern zusammen, eines nach dem anderen, die von der Liebe Gottes ergriffen werden und wieder lachen können. So werden alle Völker mit leidenschaftlichen Anbetern Gottes erfüllt. Ich betrachte Beatrice als jemanden, der Constancia zurück ins Leben geliebt hat, der sie von den Toten auferweckt hat! Das ist die echte Auferstehung.

Vor kurzem habe ich mit Constancia gesprochen, die mittlerweile selbst Mutter ist. Als ihr Baby einen Monat alt war, hatte sie Schwierigkeiten, es zu stillen. Wir beteten zusammen mit ihrer neuen Familie, und am Ende des Gebets trank ihr Baby wieder begierig. Die neue Familie war ihr Trost. Constancias Schmerzenstränen wurden zu Tränen der Freude.

Schmerz: was uns verbindet

Wir müssen erkennen, dass alles Leid ernstzunehmender Schmerz ist. Die reichen Länder leiden unter Einsamkeit. Das Elend in den reichen Nationen ist innerer, psychischer Schmerz. Dieser Schmerz ist sehr ernst zu nehmen, denn er sitzt sehr tief. Die Menschen fühlen ihn und leiden darunter. Er ist genauso real wie ein aufgeblähter Bauch, Hunger, Krankheit oder Tod.

Wenn wir Jesu Hände und Füße sein wollen, müssen wir einen Blick für die Nöte anderer haben, egal ob sie sichtbar oder verborgen sind. Die Währung der Liebe im Westen ist nicht Geld, sondern Zeit und Zuwendung. Um ein Waisenkind in Mosambik zu heilen, braucht man viel Liebe, Zuwendung, ein Haus und ein Bett mit Decken. Um den verwaisten Geist eines Menschen in Amerika oder Europa zu heilen, braucht man Liebe, Zuwendung, viel Zeit und ungeteilte Aufmerksamkeit für den anderen. Beides gilt, beides ist real, und beides hat seinen Preis.

Überall auf der Welt gibt es unsagbares Leid. Unser eigenes Leid kann uns entweder dazu führen, Jesus ähnlicher zu werden oder bitter zu werden. Durch Gottes Gnade sind wir imstande, den Schmerz anderer zu verstehen und in der Barmherzigkeit Jesu zu wachsen. Er kann sogar unseren Schmerz gebrauchen, denn er weiß, wie er alles zum Guten wenden kann.

Egal, was du in deinem Leben durchgemacht hast, du wirst dadurch andere mit ähnlichen Erfahrungen verstehen können. Wenn du einmal durstig gewesen bist, verstehst du den Durst. Wenn du einsam gewesen bist, verstehst du die Einsamkeit. Deshalb können wir all unseren Schmerz dazu gebrauchen, andere in ihrem Schmerz und in ihrer Trauer zu trösten. Wenn wir Gott in unserem Schmerz zulassen, kann er sogar die schrecklichsten Dinge in unserem Leben zum Guten wenden.

Das Ende der Geschichte: die Hochzeit

> 3 Gepriesen sei der Gott und Vater unsers Herrn Jesus Christus,
> der Vater der Barmherzigkeit und der Gott alles Trostes, 4 der
> uns in aller unserer Trübsal tröstet, damit wir dann alle, die sich in irgendeiner Trübsal befinden, mit dem Trost zu erquicken vermögen, mit dem wir selbst von Gott getröstet werden.
>
> 2.Korinther 1,3–4

Wie die Braut Jesu, die durch Trübsal und Leid auf ihren Bräutigam vorbereitet wird, so stand auch Beatrice strahlend und stolz an ihrem Hochzeitstag in der Mitte der Kirche unserer Missionsstation im Süden Mosambiks. Ihr besonderer Tag war ein Tag der Freude für alle ihre Freunde, darunter auch Constancia. Obwohl sie eines der geliehenen Hochzeitskleider unserer Mission trug – es war schon so oft von anderen getragen worden, dass die Perlen schon langsam abfielen – sah sie atemberaubend aus. Ihr Mann schaute stolz auf sie, als sie mit strahlendem Lächeln die Blumen in der Hand hielt. Sie sah wunderschön aus und strahlte vor Glück.

Heute ruft sie die Verlorenen zum Hochzeitsmahl des Lammes. Sie füllt das Haus des Vaters und teilt Jesus mit all ihren Freunden. Das ist die frohe Botschaft. Das ist das Evangelium – das Mädchen, das beides kennt: den Segen der Trauer und den Trost. Sie ist eine Inkarnation der Liebe für alle um sie herum.

Ein Diener Gottes ist lediglich ein Ausgesandter. Vielleicht wirst du nur zur Wohnung nebenan oder zum Haus gegenüber gesandt, aber das ist egal. Egal, ob es große Menschenmassen sind oder ob es ein Einziger ist, für Gott ist nur eins wichtig: die fleischgewordene, göttliche Liebe.

Zum Nachdenken

Selig sind die Trauernden, denn sie werden getröstet werden.

> Wenn ein armer Mensch verhungert, dann nicht, weil Gott sich nicht um ihn gekümmert hat. Es ist geschehen, weil weder du noch ich diesem Menschen geben wollte, was er brauchte. Wir haben uns geweigert, Instrumente der Liebe Gottes in seiner Hand zu sein und den Armen ein Stück Brot zu geben oder ihnen ein Kleidungsstück zu schenken, das sie vor der Kälte schützt. Es ist geschehen, weil wir Christus nicht erkannt haben, als er sich wieder einmal in die Gestalt von Schmerz hüllte und sich mit einem Menschen identifizierte, dessen Glieder vor Kälte taub geworden waren, der vor Hunger starb, der einsam war, ein verlorenes Kind, das ein Zuhause suchte.[3]
>
> Mutter Teresa

Selig sind die Sanftmütigen | 3

Ich glaube, es gibt niemanden, der Gottes Hilfe und Gnade so dringend braucht wie ich. Manchmal fühle ich mich so schwach und hilflos. Aber ich glaube, dass Gott mich genau deshalb gebraucht. Weil ich mich nicht auf meine eigene Kraft stützen kann, bin ich vierundzwanzig Stunden am Tag ganz auf ihn angewiesen. Hätte der Tag noch mehr Stunden, bräuchte ich in diesen Stunden seine Hilfe und Gnade genauso sehr.[1]

Mutter Teresa

Sanftmütig zu sein, bedeutet zu erkennen, dass es nicht um uns geht. Es geht nicht um mich und es geht auch nicht um dich. Es geht um *ihn.* Ich hörte einmal Gott sehr deutlich zu mir sagen: «Wenn ich Pastoren und Leiter dazu bringen kann, sich vor meinem Angesicht zu beugen und alles vor mir niederzulegen, dann kann ich die Welt verändern.» Gott meinte damit, dass wir unser Verlangen nach den Dingen der Welt und unsere Ambitionen loslassen und ihm geben müssen. Er sucht nach Dienern, die so hungrig sind, dass sie ihn mehr wollen als ihr eigenes Programm und ihr eigenes Leben. Das bedeutet nicht, dass sie vollkommen sind. Das ist niemand. Aber sie sehen alles als Schaden an gegenüber der unendlich wertvolleren Erkenntnis Christi Jesu (Philipper 3,7). Gott ist nicht darauf bedacht, dass wir voller Kraft sind, sondern dass wir bereitwillig sind. Er sucht das willige und hingegebene Herz.

Bevor ich predige, betet Shara oft das folgende Gebet für mich: «Herr, benutze Heidi wie einen Pinsel in deiner Hand und male, was du durch ihr völlig hingegebenes Leben malen möchtest.» Wir müssen alle formbar in der Hand des Meisters sein, denn er will uns ganz verändern, um dann die Welt zu verändern. Gott fordert uns auf, vor seinem Angesicht zu liegen und uns noch tiefer vor ihm zu beugen. Somit gibt es nur eine Richtung im Dienst, die vorwärts führt: noch tiefer.

Wahre Größe: Sanftmut

Einer meiner Vorbilder ist Pastor José aus Maputo. Über viele Jahre hin haben wir zusammen die Gemeinde in Zimpeto geleitet. Heute ist Pastor José ein Vorsteher über Tausende unserer Gemeinden. Vor einigen Jahren beobachtete ich, wie er mit seinem Angesicht auf dem schmutzigen Boden unserer Kirche lag. Er schluchzte. Der heilige Simeon sagte einmal, dass Tränen ein Zeichen der Gegenwart des Heiligen Geistes sind. Ich sah, wie dieser Mann eine Tränenlache auf den schmutzigen Zementboden weinte.

Schließlich fragte ich Pastor José, warum er weinte. Seine Antwort lautete: «Ich bin so von Freude überwältigt. Gott hat mir gerade gesagt, dass ich alles weggeben soll, was ich habe.»

Ich dachte: «Du hast doch gar nichts. Du lebst in einer Blechhütte.» Nachts kamen Ratten in sein Haus und nagten überall herum – sogar an seinen Zehen und denen seiner Frau – aber ich hörte nie einen von den beiden klagen. In dem Augenblick, als ich ihn auf dem schmutzigen Boden weinen sah, wusste ich, dass ich ihm vertrauen konnte. Heute ist er zusammen mit Rolland, Surpresa und mir einer der internationalen Direktoren von Iris Ministries.

Drei Tage später hörte ich von einem unserer Bauarbeiter, dass Pastor José all seine Habseligkeiten den Armen gegeben hatte. Dieser Mann wandelte in wahrer Vollmacht und Autorität, die man nur gewinnen kann, wenn man sanftmütig ist und Gott einem vertrauen kann. Er hatte ein demütiges Herz.

Kurz darauf kam ein Team aus Australien, um uns zu helfen. Sie wussten nichts von dem, was geschehen war. Sie sahen nur, wie Pastor José vor Gott weinte und jeden Tag viele Kilometer zurücklegte, um die Liebe Gottes unter den Armen und Kindern vorzuleben. Das Team kündete ihm an, dass sie ihm ein neues Haus bauen wollten. Daraufhin füllte Pastor José sein neues Haus mit Kindern, die verlassen und verwaist waren und nahm sie als seine eigenen Kinder auf.

Wenn wir zuerst den Reichtum des Himmels suchen, wird Gott uns auch Reichtümer auf Erden anvertrauen.

Kurz nachdem das Team ihm ein Haus gebaut hatte, sorgte eine weitere Person für einen Brunnen. Jetzt hatte er auch Wasser für all die Kinder, die er als seine eigenen Kinder angenommen hatte. Dann installierte jemand Strom, damit er Licht hatte. Pastor José wusste gar nicht, wie ihm geschah!

Wenn wir ein Leben in Demut leben, kann Gott uns viel anvertrauen.

Pastor José erzählte uns später, dass seine Mutter viele Jahre lang um Erweckung gebetet hatte. Er erinnert sich, wie er sie als kleiner Junge zu Jesus rufen hörte. Sie sagte immer zu ihm, dass sie gern vor ihrem Tod Erweckung in Mosambik sehen und seine Hochzeit miterleben wollte. Als wir die Trauung für José und Linda hielten, sagte seine Mutter: «Jetzt kann ich nach Hause zu Jesus gehen.» Und genau das tat sie eine Woche später.

Papa Surpresa

Surpresa ist einer der internationalen Direktoren von Iris Ministries. Hier in Mosambik heißt er «Papa Surpresa». Aber hinter diesem Mann verbirgt sich viel mehr als nur diese Position. Unglaubliche Wunder geschehen durch Surpresa, aber er ist deswegen niemals stolz oder hochmütig. Er ist ein sanftmütiger und demütiger Mann, der gerne von Herzen lacht und vor Freude sprüht. Trotz der unglaublichen Vollmacht, mit der er gesalbt ist, und trotz der Totenauferweckungen, die durch ihn geschehen sind, zeichnen ihn Freude, Demut und Sanftmut aus.

Wenn man Surpresa begegnet, fallen einem zuerst seine Zähne auf, denn er lacht immer herzerfrischend. Rolland nennt ihn «Depressionsbekämpfer». Immer ist er voller Freude. Eines Tages war Surpresa in seinem Auto auf dem Weg zu einer Kirchengemeinde, als er eine Reifenpanne hatte. Acht Stunden lang lief er im Regen, Kilometer um Kilometer, und trug den platten Reifen mit sich. Dabei sang er die ganze Zeit über Lobpreislieder zum Herrn. Als er am Dorf ankam, sagte er: «Preist den Herrn. Ich bin so froh, dass ich bei euch bin.» Kurz darauf schenkte Gott ihm einen neuen Wagen. Surpresas Schätze im Himmel übersteigen jedoch seine irdischen Reichtümer bei weitem.

Vor kurzem waren wir auf einem Heilungseinsatz im Busch und hatten einen Besucher, der sonst immer in guten Hotels übernachtet. Surpresa schaute in den Sternenhimmel Afrikas, lachte unseren Besucher an und sagte: «Du bist das Holiday Inn gewohnt, wir sind jetzt aber im ‹Holiday Out›. Du kennst die Fünf-Sterne-Hotels, wir sind jetzt im Millionen-Sterne Hotel!»

Wenn wir demütig sind, können wir in einem Fünf-Sterne-Hotel oder unter freiem Sternenhimmel im Busch übernachten und wir tun es mit Freude. Wenn wir im Herzen Gottes wohnen, sind wir immer reich. Matthäus 5,5 sagt: «Selig sind die Sanftmütigen, denn sie werden die Erde besitzen.» Die Demütigen haben etwas, was es Jesus ermöglicht, aus ihrem Leben zu strömen. Wir sehen den Fingerabdruck Gottes in ihrem demütigen Wesen.

> Fordre von mir, so gebe ich dir die Völker zum Erbe und dir zum Besitz die Enden der Erde.
>
> Psalm 2,8

Was für eine Erde erben die Sanftmütigen? Bezieht sich dieser Abschnitt auf materiellen Besitz?

Ich glaube, dass sich dieser Abschnitt auf die neue Erde bezieht. Gott wird den Sanftmütigen jedoch auch jetzt schon ganze Völkergruppen, die sein Eigentum sind, als Erbe anvertrauen. Unser wahrer Reichtum sind Freunde, Kinder und Familie. Mir hat er meine mosambikanische Familie als Erbe gegeben.

Die Makua Braut

Wie nehmen wir aber nun die Erde als unser Erbe schon jetzt in Besitz? 2002 sandte uns Gott von Maputo nach Pemba in der Provinz Cabo Delgado. Cabo Delgado ist der Sitz der Makua.

Missionare berichteten damals, dass die Makua eine der am wenigsten missionierten afrikanischen Völkergruppen südlich der Sahara waren.

Als Gott uns sagte, dass wir unsere Kinder im Süden verlassen und in den Norden ziehen sollten, weinte ich. Aber wir zogen nach Norden, um unser Erbe in Besitz zu nehmen – Gottes Makua Braut. Gott war barmherzig, denn ich durfte fünfzig unserer Kinder von Maputo mit in den Norden nehmen.

Als wir in Pemba ankamen, lebten nur sehr wenige Missionare in dieser nahezu unerreichten Provinz. Durch Gottes Gnade gaben gleich fünfzehn Menschen Jesus ihr Leben. Bei unserer ersten Zusammenkunft zum Bibelstudium manifestierten sich immer noch Dämonen in den Leuten – aber sie kamen. Jede Woche beluden wir unseren Landrover voll mit singenden Kindern, fuhren hinaus in die Dunkelheit und predigten die frohe Botschaft der Rettung durch Jesus. Und jede Woche geschahen Wunder.

Heute haben wir Hunderte von Gemeinden unter der Makua-Bevölkerung, Tausende sind zum Glauben an Jesus gekommen und leben im Vertrauen auf ihn. Gott wirkt mächtige Wunder durch die Sanftmütigen und Demütigen, die ihn lieben. Er wird uns die Erde als Erbe geben.

Strategischer Plan: sich noch tiefer beugen

Viele Menschen hören von unserem Gemeindewachstum und fragen oft nach unserem strategischen Plan. Da muss ich einfach nur lachen. Wir sind nicht clever genug, um uns eine Strategie auszudenken.

Gottes strategischer Gemeindewachstumsplan für uns war ganz einfach: unsere Arbeit niederzulegen, mit den Armen zusammenzusitzen und lieben zu lernen. Rolland und ich haben einfach nur das getan. Aber unser Ziel war es nicht, eine Erweckung auszulösen und Tausende von Gemeinden zu gründen. Wir saßen auf der Straße, um von den Armen und den Kindern über das Reich Gottes zu lernen. Erst später fingen die Blinden an zu sehen, die Tauben zu hören, die Verkrüppelten zu gehen und die armen örtlichen Pastoren in ihren Lehmhütten die Toten aufzuerwecken.

Bis heute haben wir in Mosambik mehr als hundert Totenauferweckungen gesehen! Die Menschen bringen die Toten in den Särgen zu unseren armen Straßen- und Buschpredigern. Tagelang fasten und beten sie, halten die toten Babys in ihren Armen, und manchmal kommen sie im Namen Jesu wieder zurück ins Leben!

Tote auferwecken ist ein guter strategischer Plan! Gemeinden wachsen, wenn die Toten auferstehen! Mittlerweile haben wir Tausende von Gemeinden. Wir wollen in jedem Dorf eine Gemeinde sehen. Wir wollen, dass die Herrlichkeit Gottes die Erde bedeckt wie das Wasser das Meer (Habakuk 2,14). Und wir wollen so demütig sein, dass wir für den Heiligen Geist unwiderstehlich sind.

Der Fluss fließt immer in die Tiefe

Ich bekomme oft teure Ringe geschenkt. Mit großer Freude nehme ich dann die glitzernden Ringe und stecke sie an die von Lepra und anderen Krankheiten gezeichneten Hände der Armen. Diese Frauen vermählen sich jetzt endlich mit ihrem geliebten Bräutigam, und wenn ich die Ringe an ihre Finger stecke, denke ich: «Das ist Gottes Reich, bei dem ganz andere Gesetzmäßigkeiten gelten. Hier steht alles auf dem Kopf.»

Eines Tages zeigte mir Jesus eine Vision, in der er zu mir sagte: «Ich will dich mit auf den Berg nehmen und dir von da eine Stelle zeigen, die ganz weit unten in der Tiefe liegt, denn der Fluss fließt immer zur tiefsten Stelle.» Wenn du in deinem Herzen tief gebeugt und niedrig bist und dich nicht um deine Position sorgst, dann ist es egal, ob die Gegenwart Gottes nur wie hauchdünne Tropfen in den Raum sickert. Deine Herzenshaltung wird niedrig genug sein, um sie empfangen zu können. 1. Petrus 5,5 sagt: «Gott widersteht dem Hochmütigen, aber dem Demütigen schenkt er Gnade» (Luther). In Lukas 1,52 steht: «Er stürzt Machthaber von den Thronen und erhöht Niedrige.» Wir müssen niedrig sein, um in Gottes Herrlichkeit der Liebe zu leben.

Es gibt ein Gebet, das ich immer wieder bete und das Gott immer beantwortet: Ich bitte ihn, mein Herz zu erweitern, damit ich mehr lieben kann.

Wir müssen in das Herz Gottes eintauchen und darin leben, denn nur dann entsteht echte Fruchtbarkeit. Eine meiner Lieblingsschriftstellen ist Hesekiel 47. Dort tragen die Bäume, die am Fluss gepflanzt sind, zwölf Monate im Jahr Frucht. Wahrer apostolischer Dienst fließt nur, wenn wir ganz in der Gegenwart Gottes untertauchen. Daraus entsteht beständige, übernatürliche Fruchtbarkeit.

Ich bin mir nicht sicher, ob ich den «apostolischen Dienst» wirklich schon verstanden habe. Aber als mein guter Freund Randy Clark über apostolische Vollmacht predigte, erklärte er, was es bedeutet, ein Ausgesandter zu sein. Der Heilige Geist rührte mich tief an, und an jenem Abend ging Gottes Botschaft an mich mit einer ungewöhnlichen körperlichen Manifestation einher, die mich wie ein Narr erscheinen ließ. Das machte mich niedrig und demütig!

Als mich die wunderbare Kraft Gottes an jenem Abend traf, wurde ich immer wieder kopfüber zu Boden geworfen. Ich stand dabei förmlich auf dem Kopf. Gott sprach durch diese Erfahrung zu mir und sagte: «Im apostolischen Dienst gelten andere Gesetzmäßigkeiten. Hier sind die Dinge auf den Kopf gestellt.» Im Gegensatz zum natürlichen Streben der Menschen, sich in den Mittelpunkt zu stellen und erhöhen zu wollen, beansprucht der apostolische Dienst den untersten Platz. Das Apostolische ist ein Ort der hingegebenen Liebe, wo wir so von dem Wesen des Mannes Jesus Christus ergriffen werden, dass wir allen anderen zum Diener werden. Wenn wir apostolische Vollmacht haben wollen, müssen wir niedrig genug sein, um ein Narr für Gott zu sein.

Ich will eine Herzenshaltung haben, die niedrig genug ist, um ein Narr für Gott zu sein. Ich möchte unter dem Schatten des Allmächtigen wohnen und in der Verborgenheit seiner Gegenwart leben.

Gottes Wille für unseren Dienst ist Demut. Jesus entäußerte sich in Demut. Obwohl er seine Rechte kannte, blieb er vor seinen Anklägern stumm stehen. Jesus hat sich dem Willen des Vaters hingegeben. Er kleidete sich mit Sanftmut.

Demut bedeutet, erst den anderen zu berücksichtigen, bevor man an sich selbst denkt. Sie bedeutet, dem anderen den Vorrang zu geben, auf den verkrüppelten Mann Rücksicht zu nehmen oder der blinden Frau zu dienen, die an deiner Tür steht und bettelt. Sanftmut bedeutet dem zu gewähren, der sich nicht in der Reihe anstellt und sich vordrängelt. Unser Auftrag ist es, nichts aus Selbstsucht und Ehrgeiz zu tun. Das bedeutet nicht, dass wir nicht auf uns selbst und unsere Anliegen achten sollen. Aber wir schauen zuerst auf die Nöte anderer. Dazu müssen wir jedoch erst die Nöte anderer wahrnehmen, und das können wir nur, wenn wir mit offenen Augen und Ohren durch das Leben gehen. Wir bleiben stehen, hören zu und sehen die Anliegen anderer, bevor wir unsere eigenen Anliegen verwirklichen.

Was war Jesu Einstellung? Wir sehen es im Wesen Gottes. Er sah das Gleichsein mit Gott nicht als einen gewaltsam festzuhaltenden Besitz an. Jesus wusste immer, wer er war. Ein wahrer Sohn weiß, wer er ist, denn er hat die Stimme seines Vaters gehört, und Jesus hörte seinen Vater, als eine Stimme aus dem Himmel sagte: «Das ist mein geliebter Sohn, an dem ich Wohlgefallen habe.» (Matthäus 3,17).

Ein wahrer Sohn weiß, dass er Zugang zu allem hat, was dem Vater gehört. Im Gleichnis vom Verlorenen Sohn sagt der Vater zu seinem älteren Sohn: «Mein Sohn ... du bist allezeit bei mir und alles was mein ist, ist auch dein.» (Lukas 15, 31). Es geht nicht darum, dass wir irgendetwas beweisen müssen. Es geht darum, seinem Wesen ähnlicher zu werden. Jesus gab sich vorbehaltlos um der Liebe willen hin und er lädt uns dazu ein, ihm darin zu folgen.

In Philipper 2 fordert uns Paulus dazu auf, nichts aus Selbstsucht oder Ehrgeiz zu tun. Niemand sollte seinen eigenen Dienst bauen wollen – genau zum Gegenteil hat Gott uns berufen. Wir sind dazu berufen, in Liebe und Sanftmut das Reich Gottes auf Erden aufzurichten.

Der Schlüssel zur Fülle

Selbstsucht und Ehrgeiz sind die Todfeinde für den Herzschlag der Gemeinde Christi. Deshalb ist die erste Seligpreisung ein Aufruf, geistlich arm zu sein und uns unserer völligen Abhängigkeit von Jesus bewusst zu sein. Ohne diese Erkenntnis fließt nur wenig Segen.

Als ich in meinen Zwanzigern war, hatte ich immer noch Ehrgeiz und Unabhängigkeit in mir. Ich fand es aufregend und fühlte mich geehrt, wenn ich eingeladen wurde, bei großen Zusammenkünften zu predigen. Ich erinnere mich noch genau daran, wie Jesus mich aufforderte, meinen Dienst loszulassen und aufzuhören. Damals predigte ich in ganz Asien und sah Hunderte, manchmal sogar Tausende pro Abend zum Glauben kommen.

Dann sagte Gott einfach zu mir: «Hör auf!» Zuerst band ich die Stimme und wies sie im Namen Jesu zurück, weil ich dachte, dass dies der Feind war. Als ich die Stimme zum dritten Mal hörte, erkannte ich, dass Gott zu mir sprach und fiel auf mein Angesicht. Ich fragte Gott, warum ich aufhören sollte, wo ich doch große Menschenmengen zu ihm führte. Er antwortete mir jedoch: «Du verstehst nichts vom Reich Gottes.» Das wollte ich nicht hören.

Ich widersprach Gott und erklärte, dass ich sehr wohl etwas vom Reich Gottes verstünde. Schließlich kämen doch viele Menschen zu Jesus. Aber wieder sagte er zu mir: «Du verstehst das Reich Gottes nicht.» Ich entschied mich dazu, auf ihn zu hören. Dann sagte er mir, ich sollte mich mit den Armen zusammensetzen und von ihnen über sein Reich lernen.

Gott kann keinen Ehrgeiz gebrauchen; Selbstverwirklichung und selbstsüchtiges Streben segnet er nicht. Er will sie uns entreißen.

In Demut sehen wir den anderen höher an als uns selbst. Wir stellen uns nicht auf den hohen Platz über andere. Bei großen Konferenzen nehme ich oft das rote Absperrband ab, das mich von den Menschen trennt. Ich schaue zu all den Bodyguards rüber und rufe lachend: «Keine Absperrungen!» Meistens sitze ich zusammen mit allen anderen auf der Erde.

Unsere Pastoren hier in Mosambik haben keine vornehme Kleidung oder glänzenden Lederschuhe. Sie leben in Lehmhütten. Wir nennen sie hier lieber «Papa», anstatt «Apostel» oder «Pastor». Aber sie sind so wie die ersten Apostel, die die Welt «auf den Kopf gestellt haben» (Apostelgeschichte 17,6).

Eine meiner großen Vorbilder im Glauben ist Mama Tanweke. Drei Menschen wurden durch sie von den Toten auferweckt. Zusammen mit Papa Tanweke betreut sie eine ganze Provinz von

Gemeinden in unserem Dienst. Überall wo sie predigt folgen Zeichen und Wunder. Aber sie bestand das dritte Jahr unserer Bibelschule nicht! Während unserer Abschlussfeier erklärte mir einer der Pastoren, dass sie die letzte Prüfung nicht bestanden hatte, weil sie nicht gut genug lesen konnte.

Das muss man sich einmal vor Augen führen: Drei Menschen wurden durch ihren Dienst von den Toten auferweckt, aber sie bekam keinen Abschluss in der Bibelschule! Gott beeindrucken unsere Abschlüsse oder sogenannten Qualifikationen zum Dienst gar nicht so wie uns! Mama Tanweke ist ganz einfach eine der Sanftmütigen, die die wahren Reichtümer auf Erden erbt, denn Gottes Wirtschaftssystem beruht auf ganz entgegengesetzten Gesetzmäßigkeiten als die der Welt.

Unter dem Joch in Liebe

> 3 Dabei hörte ich eine laute Stimme aus dem Himmel rufen: «Siehe da, die Hütte Gottes ist bei den Menschen! 4 Und er wird bei ihnen wohnen, und sie werden sein Volk sein; ja, Gott selbst wird unter ihnen sein und wird alle Tränen aus ihren Augen abwischen, und der Tod wird nicht mehr sein, und keine Trauer, kein Klaggeschrei und kein Schmerz wird mehr sein; denn das Erste ist vergangen.»
>
> Offenbarung 21,3–4

Um die Erde zu erben, müssen wir sanftmütig sein. Um eine Braut unter demselben Joch zu sein, müssen wir den Fußstapfen Jesu folgen.

In Liebe müssen wir alles loslassen, uns entäußern und geistlich arm werden, um die Reichtümer des Himmels zu gewinnen und mit ihm erfüllt zu werden.

Jesus gab alles für seine Braut, als er unter uns wohnte. Jetzt geben wir unser Leben für unseren Bräutigam und erben die Reichtümer des Himmels.

Das christliche Leben dreht sich um Einheit und Gemeinschaft. Offenbarung 21 sagt, dass Gott sich dazu entschieden hat, unter uns zu wohnen und uns sein Volk zu nennen. In Jesus, unserem dienenden König, hat Gott sich selbst mit der Menschheit vereint. In der Gemeinschaft mit Jesus und in Einheit mit ihm erben wir einen neuen Himmel und eine neue Erde. Wenn sich zwei Menschen wirklich lieben, gibt jeder alles für den anderen. Gott will nicht, dass wir Jesus lediglich lieben. Er will, dass wir uns ihm ganz hingeben. Er will uns mit *seiner* Liebe ganz in Besitz nehmen.

Jesu Braut wird strahlend und rein sein. Sie wird ihren Bräutigam und König bezaubern. Sie wird denselben Geist haben, gleich gesinnt sein und nichts aus Eigennutz oder Selbstdarstellung heraus tun. Sie wird andere höher achten als sich selbst. Ihr Leitfaden wird Philipper 2 sein: 3 «... so macht meine Freude dadurch vollkommen, dass ihr eines Sinnes seid, indem ihr die gleiche Liebe hegt und einmütig dem gleichen Ziel zustrebt und nichts aus Selbstsucht oder eitlem Ehrgeiz tut, sondern in Demut einer den andern höher als sich selbst erachtet; 4 jeder habe nicht nur seinen eigenen Vorteil im Auge, sondern jeder auch den des andern.»

Diese Braut wird eigennützige Reichtümer der Welt aufgeben, um die Erde zu erben. Sie wird so von der Liebe Gottes ergriffen und ihr so ausgeliefert sein, dass sie kühn in die dunkelsten Gebiete der Erde vordringen und die Finsternis durchbrechen wird. Durch seine Braut strahlt Jesu Licht in die Welt, die Strahlen der hingebungsvollen Liebe.

Im neuen Bund – einem Bund der Ehe – geben wir uns unserem Geliebten hin: unserem Bräutigam Jesus Christus. Wenn wir die Bergpredigt ernst nehmen, dann gehört unser Leben nicht mehr uns. Und doch ist es das segensreichste und erfüllteste Leben, das man sich nur vorstellen kann. Gott weiß, wie er uns mit den wahren Reichtümern des Himmels beschenken kann.

Das braune Gewand

Wenn wir Jesus folgen, tragen wir dasselbe Gewand, das er getragen hat – sein braunes Gewand der heiligen Demut.

Vor einigen Jahren hatte ich eine Vision, in der Gott deutlich zu mir sprach. Ich befand mich in einer schwierigen Zeit, denn einige der Kinder in unserem AIDS-Kinderhaus waren sehr schwer an Masern erkrankt. Zusammen mit unseren Mitarbeitern weinte ich, rief Jesus an und bat ihn, durchzubrechen und unsere Kinder zu retten.

Daraufhin sah ich Jesus in einer Vision, und er schaute mich direkt an. Ich war völlig überwältigt! Wenn ich sein Angesicht sehe, bin ich völlig erledigt. Er schaute mich an und ich sah, dass er zwei Gewänder in den Händen hielt.

In der rechten Hand hielt er ein prächtig schimmerndes, durchsichtiges Gewand, das in wunderschönen Farben leuchtete. Das Material sah fast lebendig aus. Es war ein weißes Gewand, durch das abwechselnd die Farben Gold, Blau und Purpur schimmerten. Es war atemberaubend schön.

Ich schaute zu Jesus auf und sagte: «Das ist das schönste Gewand, das ich je gesehen habe.»

In der anderen Hand hielt Jesus ein anderes Gewand aus braunem Sackleinen, dreckig und mit Rissen. Ich mochte die Farbe Braun noch nie. Aber als ich wieder Jesus anschaute, sagte er: «Heidi, welches Gewand möchtest du haben?»

Ich rief: «Das braune Gewand! Ich möchte das braune Gewand!» Sofort dachte ich: «Was sage ich denn da?» Ich wusste nicht, warum ich das sagte, denn meine natürliche Neigung war, das schöne Gewand vorzuziehen.

Der Herr lächelte mich liebevoll an, sah mich mit seinen Augen voller glühender Liebe an und sagte: «Du hast gut gewählt. Das ist das Gewand, das ich auf Erden getragen habe.» Dann legte mir Jesus das braune Gewand um und sagte: «Das andere Gewand gehört dir auch. Das ist das Brautgewand, das du am Tag unserer Hochzeit im Himmelreich tragen wirst.»

Wenn wir niedrig sind, wird er uns erhöhen. Wenn wir uns demütigen, wird er uns ehren. Wenn wir wandeln, wie er wandelte, wenn wir tragen, was er trug und wenn wir lieben, wie er liebt – dann werden auch wir die Erde erben.

Mutter Teresas Bevollmächtigung

Mutter Teresa lebte in ständiger Demut vor Gott und vor den Menschen. Zeitlebens bestand sie darauf, dass der wichtigste und unvergesslichste Tag ihres Lebens der 10. September 1946, ein Dienstag, war. Sie reiste dritter Klasse im Zug von Kalkutta nach Darjeeling, um an der jährlichen geistlichen Rüstzeit der Loreto Abtei teilzunehmen. Sie las gerade das Gleichnis von den Schafen und den Böcken in Matthäus 25,39 und schrieb dazu:

> Ich spürte, wie die heiligen Worte die innersten Schlupfwinkel meines Herzens auf eine Art und Weise durchbohrten, wie ich es noch nie zuvor erlebt hatte. Man kennt sicher die Geschichte von Paulus, als er von Jerusalem nach Damaskus ritt. Unterwegs traf ihn ein heller Strahl vom Himmel, der einem Blitz glich. Dieser Blitz brachte ihn zum Stillstand, wirbelte ihn vom Pferd und zwang ihn, auf die Worte des Herrn zu hören. Die heiligen Worte von St. Matthäus brachten auch mich zum Stillstand und zwangen mich, auf die Stimme des Herrn zu hören.[2]

Sie blickte aus dem Fenster und war von dem Elend der Bettler überwältigt, die sie unterwegs sah. In ihrem Inneren hörte sie die Stimme weiter:

> Meine liebes Kind, du musst deinen geliebten Jesus in jedem dieser elenden Menschen sehen. Diesen Jesus musst du lieben. Um diesen Jesus musst du dich kümmern. Vergiss niemals seine Stimme, als er sagte: «Alles, was du einem von diesen meinen geringsten Brüdern getan hast, das hast du für mich getan.»[3]

Zum Nachdenken

Selig sind die Sanftmütigen, denn sie werden das Land ererben.

Die Menschen bitten mich oft, für sie zu beten, damit sie das Gesicht Jesu sehen können. Ich bete dann, dass sie das Gesicht Jesu in den Armen sehen. Wir alle sind nach dem Ebenbild Gottes geschaffen. Jeder Einzelne ist wertvoll für ihn. Wenn wir ihm erlauben, unsere Augen zu öffnen und unseren Blick zu schärfen, werden wir sanftmütig. Unsere Herzen richten sich dann nach außen auf die Zerbrochenen und Armen. Wir werden sie nach Hause an den Ort der Geborgenheit und Liebe bringen. Wir werden sie nach Hause zu Jesus rufen.

Selig sind, die nach der Gerechtigkeit hungern und dürsten | 4

Da sagte Jesus zu ihnen: «Wahrlich, wahrlich ich sage euch: Nicht Mose hat euch das Himmelsbrot gegeben, sondern mein Vater gibt euch das wahre Himmelsbrot; denn das Brot Gottes ist das, welches aus dem Himmel herabkommt und der Welt Leben gibt...» Da sagte Jesus zu ihnen: «Ich bin das Brot des Lebens! Wer zu mir kommt, den wird nimmermehr hungern, und wer an mich glaubt, den wird niemals wieder dürsten.»

Johannes 6,32–33,35

Die Armen wollen immer etwas zu essen. Sie sind immer hungrig. Oft schlägt der körperliche Hunger bei den Armen auch in geistlichen Hunger um. Gott möchte, dass wir so intensiv wie die Armen nach ihm hungern und dürsten. Im Westen kennen wir Hunger jedoch kaum. Wer den Hunger verstehen will, muss von denen lernen, die am Verhungern sind. Wer mehr über Durst lernen will, muss sich unter die begeben, die kein Wasser haben.

Oft predige ich in unserer Pastorenbibelschule in Pemba. Hier gibt es hungrige und durstige Männer, die nach dem Echten suchen. Sie verlangen nach Gott. Es sind die ärmsten Pastoren, die ich kenne, aber sie gehören zu den reichsten im Himmelreich. Sie haben vielleicht selbst erst gerade vor wenigen Wochen Jesus erkannt, und schon kommen sie, um zum Dienst an anderen im Busch ausgerüstet zu werden. Sie sind so hungrig nach Gott, und Jesus antwortet schnell. Wir können mit ihm gar nicht mehr Schritt halten. Wir sehen, wie ein ganzes Volk zu ihm kommt.

Am Anfang der Bibelschule frage ich die Pastoren immer, wie viele von ihnen ein Familienmitglied durch eine Hungersnot verloren haben. Viele heben ihre Hände. Vor kurzem haben wir einen Pastor verloren, dessen Familie am Verhungern war. Um Nahrung für seine Familie zu finden, tauchte er in die von Krokodilen heimgesuchten Flüsse, um nach den essbaren Knollen von Seerosen zu suchen. Eines Tages wurde er von einem Krokodil angefallen und aufgefressen.

In der westlichen Welt kennen wir kaum Hunger. Einigen fällt es schwer, sich überhaupt vorzustellen, was dieser Pastor tun musste, um seine Familie zu ernähren. Aber wir können von den Armen lernen. Deshalb lasse ich unsere mosambikanischen Pastoren oft für die Westler beten, damit sie Hunger verstehen lernen. Ich habe jedenfalls viel von unseren Pastoren über Hunger gelernt.

Frisches Brot vom Himmel

Als ich vor vielen Jahren Hunger verstehen lernte, gab mir Jesus eine Vision, in der er von riesigen Kinderscharen umgeben war. Er schaute mich mit seinen durchdringenden, glühenden Augen der Liebe an und sagte mir, dass ich die Kinder speisen sollte. Ich protestierte: «Nein, das sind zu viele!»

Er bat mich, in seine Augen zu schauen, und als ich das tat, sagte er: «Ich bin gestorben, damit es immer genug gibt.» Dann legte er die Hand an seine rechte Seite und riss sich ein Stück Fleisch aus dem Körper.

Seine Augen waren atemberaubend schön, aber sein Köper war zerschlagen und zermartert. Er gab mir das Stück von seinem Fleisch. Als ich es nahm und meine Hand dem ersten Kind entgegenstreckte, verwandelte es sich in dem Augenblick in frisches Brot. Ich gab den Kindern das Brot und sie aßen alle.

Dann nahm Jesus einen einfachen Kelch, hielt ihn an seine Seite und füllte ihn mit seinem Blut und mit Wasser. Er sagte, dass es der

Kelch des Leides und der Freude war. Er hielt ihn mir entgegen und fragte, ob ich ihn trinken wollte. Ich trank daraus und gab ihn dann an die Kinder weiter, denen er auch zum Getränk wurde.

Dann sagte er noch einmal: «Ich bin gestorben, damit es immer genug gibt.» Seit jenem Tag habe ich jedes Waisenkind zu mir genommen, das mir Jesus in den Weg gestellt hat. In den darauffolgenden zehn Jahren habe ich viel über die Versorgung der Armen gelernt. Mit großem Staunen habe ich gesehen, wie Gott uns immer wieder mit Brot für die Kinder versorgt hat. Durch seine Gnade haben wir tagtäglich irgendwie immer genug zu essen.

Seit ich diese Vision hatte, ist die Versorgung durch Iris Ministries von 320 auf 7000 Kinder gewachsen. Während der Überflutung des Sambesis 2007 haben wir über mehrere Monate hinweg 50000 Menschen pro Tag mit Essen versorgt.

Mein Herz ist Gott so dankbar, dass er uns mit diesen wertvollen Kindern gesegnet hat. Mit Ehrfurcht habe ich mit angesehen, wie Gott uns innerhalb von zehn Jahren von ein paar Gemeinden auf mehr als sechstausend Gemeinden hat wachsen lassen. Jesus hat uns immer frisches Brot vom Himmel gegeben. Er hat seine Liebe zu den Armen über uns ausgegossen. Er hat uns dazu berufen, seine verlorenen Kinder nach Hause zu bringen. Wir sind dazu berufen, die Hungrigen zu speisen.

Das größte Gastmahl aller Zeiten

13 «Nein, wenn du ein Gastmahl veranstalten willst, so lade
Arme und Krüppel, Lahme und Blinde dazu ein, 14 dann wirst
du glückselig sein, weil sie es dir nicht vergelten können; denn
es wird dir bei der Auferstehung der Gerechten vergolten werden.»
15 Als einer von den Tischgenossen dies hörte, sagte er zu
ihm: «Glückselig ist, wer am Mahl im Reiche Gottes teilnehmen
wird! » 16 Jesus aber antwortete ihm: «Ein Mann veranstaltete
ein großes Gastmahl und lud viele dazu ein. 17 Er sandte dann
seinen Knecht zur Stunde des Gastmahls aus und ließ den Geladenen
sagen, sie möchten kommen, denn es sei nunmehr
alles bereit. 18 Da begannen alle ohne Ausnahme sich zu entschuldigen.
Der erste ließ ihm sagen: ‹Ich habe einen Acker

gekauft und muss notwendigerweise hingehen, um ihn zu besichtigen; ich bitte dich: sieh mich als entschuldigt an!› 19 Ein anderer sagte: ‹Ich habe fünf Joch Ochsen gekauft und muss hingehen, um sie zu erproben; ich bitte dich: sieh mich als entschuldigt an!› 20 Wieder ein anderer sagte: ‹Ich habe mich verheiratet, kann also nicht kommen.› 21 Als nun der Knecht zurückkam, berichtete er dies seinem Herrn. Da wurde der Hausherr zornig und gab seinem Knecht die Weisung: ‹Gehe schnell hinaus auf die Straßen und Gassen der Stadt und bringe die Armen und Krüppel, die Blinden und Lahmen hierher.› 22 Der Knecht meldete dann: ‹Herr, dein Befehl ist ausgeführt, doch es ist noch Platz vorhanden.› 23 Da sagte der Herr zu dem Knecht: ‹Gehe auf die Landstraßen und an die Zäune hinaus und nötige die Leute dort hereinzukommen, damit mein Haus voll werde! 24 Denn ich sage euch: Keiner von jenen Männern, die zuerst geladen waren, wird mein Gastmahl zu kosten bekommen.›»

Lukas 14,13–24

Essen spielt in jeder Kultur und bei jedem Menschen eine zentrale Rolle. Jesus zeigt uns mit dem Gleichnis vom königlichen Hochzeitsmahl, dass er sich an guten Festen freut. Wir sind alle dazu geschaffen zu essen, zu leben und uns zu erfreuen. Essen und Trinken gehören zu den meisten Feiern mit dazu. Jesus starb für uns, damit wir essen können. Er opferte sich selbst, damit wir uns an ihm freuen können. Wir kommen zu ihm und essen täglich an seinem Tisch.

Weil die Menschen in Mosambik so arm sind, erkennen sie schnell, dass sie Gott brauchen. Wie der Knecht in diesem Gleichnis haben auch wir Einladungen ins ganze Land ausgehen lassen. Die Armen, Lahmen, Blinden und Verkrüppelten kommen jede Woche in Scharen zu Jesus!

Die Scharen speisen

Viele von uns sind geistlich so ausgehungert, dass wir gar nicht mehr wissen, wie man überhaupt isst. Von den Armen habe ich gelernt, wie man einen Festschmaus genießt. Eines Tages gaben uns Freunde Geld, um Hühner zu kaufen. Unsere Kinder bekommen nur selten Hähnchen zu essen. Deshalb wissen sie, wie man ein Fest richtig feiert und den Festschmaus genießt. An jenem Tag hörte niemand mehr meiner Predigt zu, denn es war Hähnchenzeit!

Die Kinder waren glücklich, und wir luden jeden Gangster der Stadt ein. Wie in dem Gleichnis von Lukas 14 luden wir alle Armen, Prostituierten, Drogenabhängigen und Alkoholiker ein und sorgten so für Aufruhr. Siebzehn Stunden lang bereiteten die älteren Mamas die Hähnchen für die vielen Menschen zu und sangen die ganze Zeit: «Kami-manbu Xiquembu Shamatimba» (Danke, danke! Gott ist wunderbar!).

Nachdem ich gepredigt hatte, fragten mich der Koch und einige skeptische Helfer aus dem Westen, wie viele Leute wir denn eingeladen hätten. «Jeden, den wir finden konnten!», antwortete ich. Der Vater lädt uns alle zum großen Hochzeitsmahl im Himmel ein, deshalb wollen wir auf Erden das Gleiche tun. Wir lesen an der besagten Stelle im Lukasevangelium, dass wir alle einladen sollen – die Armen, die Verkrüppelten, die Blinden, die Lahmen – und das genau hatten wir getan!

Wir sagten den Küchenhelfern, dass sie zuerst den Besuchern Essen geben sollten, und sie wurden etwas nervös. Sie hatten genau 1138 Hähnchenstücke gezählt. Danach zählten sie alle Leute und kamen zu dem Schluss: «Wir haben nicht genug.» Über 2200 Menschen waren gekommen.

Was wir tun, ist menschlich gesehen oft unmöglich, aber wir wissen, dass bei Gott alle Dinge möglich sind! Meine Theologie ist: «Gott ist Gott, ich bin's nicht. Hurra!»

Und so setzten wir uns alle zum Hähnchenmahl. Genauso wie in Lukas 14 aßen alle Gangster, Prostituierten, Besucher und Kinder zusammen. Und wir hatten mehr als genug!

Wir hatten sogar noch Tüten voller Hähnchen übrig, die die «Mamas» mit nach Hause nahmen. Es war ein grandioses Wunder, das von einem zuvor sehr besorgten Koch bestätigt wurde.

Von den Kindern lerne ich, wie man sich an Jesus ergötzt. Sie verschlingen die fettigen Hähnchenstücke genussvoll mit «Haut und Haaren» – in Mosambik isst man nämlich auch die Knochen. Genauso wie die Kinder will ich an jedem «Stück» von meinem Jesus teilhaben. Ich möchte nach ihm hungern und alles von ihm in mich aufnehmen. Ich will mich auf seine Gemeinschaft mit mir freuen, nach seinem Reich der Gerechtigkeit dürsten, danach hungern, sein Reich auf Erden zu sehen.

Die verkappten Armen: Den Westen speisen

Die Armen würden niemals ein Fest abschlagen. Sie kommen, um geistliche und körperliche Nahrung zu sich zu nehmen. Aber der Herr bereitet auch für seine Braut im Westen ein geistliches Festmahl vor.

Die Herausforderung im Westen ist jedoch, dass viele übersättigt sind. Wir haben eine Überzahl von Restaurants, Imbissstuben und Snackbars. Deshalb sind Menschen im Westen oft ganz einfach nicht hungrig.

Im Westen sehe ich oft, dass die Gemeinden von geistlichen Krümeln leben. Als ich einmal einen Gottesdienst in einer Gemeinde hielt und wie immer auf meinem Angesicht lag, hatte ich einen Eindruck für die Gemeinde im Westen. Ich schaute auf eine Menschenmenge, die an einer großen Konferenz teilnahm, und die Leute sahen alle wohlgenährt aus. Aber dann sah ich über diesen Menschen einen aufgeblähten Bauch wie den eines unterernährten Kindes in Afrika. Ich sah, wie diese Menschen den Müll nach Essen durchwühlten, genauso wie es unsere obdachlosen Kinder in Afrika tun. Ich sah, wie sie Krümel auflasen, die unter den Tisch fielen. Gott hat mir jedoch gezeigt, dass er alle Hungrigen speisen kann – sowohl die Armen als auch die Reichen. Es ist mein tiefster Wunsch, dass die Gemeinde im Westen das erkennt.

Gott möchte, dass wir die einladen, die hungrig sind und sich nicht revanchieren können. Im Westen laden wir die Verlorenen immer wieder ein, aber zum größten Teil kommen sie nicht. Wir fragen uns, warum sie nicht in unsere Gottesdienste kommen. Das liegt oft daran, dass sie nicht hungrig sind.

Wir können dafür beten, dass die Menschen hungrig nach ihm werden. Aber wir brauchen auch frisches Brot. Wir müssen beten, dass wir das frische Brot seiner Gegenwart zu den Menschen tragen. Wenn sie sehen, dass wir so viel frisches Brot vom Himmel haben und es gern an sie weitergeben, wird niemand widerstehen, nicht einmal die Wohlgenährten.

In Mosambik schlägt niemand eine Einladung zum Essen ab. Sie nehmen sie begierig und begeistert an. Die Reichen haben jedoch oft Ausreden. Sie interessieren sich vorwiegend für ihre eigenen Angelegenheiten. Sie haben wenig Hunger auf Essen oder auf Gott. Aber die Armen kommen immer und nehmen am Fest teil.

Wie sehen aber nun die Hungrigen im Westen aus? Es sind die emotional Armen und Zerbrochenen, zu denen uns Gott ruft. Er sendet uns zu denen, die hungrig, krank, alt und vergessen sind. Er schickt uns zu den Vaterlosen, den Gefangenen, Schwerverbrechern, Obdachlosen, Einwanderern, Abhängigen und denen, die voller Schmerz sind. Diejenigen, die wissen, dass sie Hilfe brauchen, die verzweifelt nach Gott suchen und nach seiner Gegenwart hungern, werden gesättigt werden, so wie es die Seligpreisung verheißt.

Wach auf!

Gott gab mir einmal eine gewaltige Vision von einem anderen Hochzeitsfest. Ich sah das köstlichste Essen, das überall, soweit das Auge reichte, angerichtet war. Das Hochzeitsmahl war angerichtet und bereit, aber die Gemeinde schlummerte im Schlaf.

Jesus sagte: «Wach auf, meine Geliebte! Wach auf!» Ich sah, wie er sie auf die Stirn küsste und aus dem Schlaf weckte. Dann sah ich, wie Jesus auf einer großen Müllhalde stand. Dort tanzte ich zusammen mit ihm und allen anderen, die einen aufgeblähten Bauch, einen zerschundenen Körper und wurmzerfressene Zehen hatten.

Zusammen mit Jesus ging ich zu jedem Einzelnen und rührte ihn an. Wir legten ihnen die Hände auf und ihre Bäuche wurden flach. Als wir ihre Füße anrührten, schlossen sich die Wunden und heilten. Jesus nahm ihre schmutzigen, zerlumpten Klei-

der und legte ihnen wunderschöne goldene, silberne, purpurne, rote und blaue Gewänder um.
Dann erhoben sich alle aus dem Müll, tanzten, sangen und folgten Jesus zum Hochzeitsfest. Er zeigte ihnen das köstliche Essen und sagte: «Ihr dürft auf den Ehrenplätzen sitzen.»

So sollte es sein. Niemand sollte draußen unter einer Brücke leben müssen. Niemand sollte im Müll nach Essen oder Kleidung wühlen müssen. Niemand sollte so unter Hunger leiden, dass er mit einem aufgeblähten Bauch leben muss. Niemand sollte verhungern.

Um an seinem Tisch essen zu können, müssen wir erkennen, wer wir – der Leib Christi – sind. Genauso wie die afrikanischen Kinder durchwühlen wir Christen im Westen wie Waisen den Abfall, obwohl der Vater schon verkündet hat: «Ich will dich. Ich liebe dich. Komm zu meinem Fest. Es ist Zeit, dass du von meinem Mahl isst.»

Im Westen haben wir Angebote im Überfluss. Deshalb denken die Menschen mit einer westlichen Mentalität oft, dass alles üppig vorhanden ist und sie keinen Mangel leiden. Wir haben unsere Lieblingssnacks und Markengetränke, aber dennoch sind wir wie Waisen. Wir können nicht sehen, dass es etwas viel besseres gibt und dass der Vater viel mehr für uns hat.

Kommt, esst und trinkt

> 26 Während des Essens aber nahm Jesus das Brot, sprach den Lobpreis, brach das Brot und gab es den Jüngern mit den Worten: «Nehmt, esset! Dies ist mein Leib.» 27 Dann nahm er einen Becher, sprach das Dankgebet und gab ihnen den mit den Worten: «Trinkt alle daraus! 28 Denn dies ist mein Blut, das Blut des neuen Bundes, das für viele vergossen wird zur Vergebung der Sünden.»
>
> Matthäus 26,26–28

Die Armen haben mich den Hunger nach Gott und die geistliche Gemeinschaft mit ihm gelehrt. Er lädt uns dazu ein, von Jesus zu essen und zu trinken, damit wir gesättigt werden. Genauso wie wir für unsere körperliche Nahrung auf Essen angewiesen sind, so sind wir auch für unsere geistliche Nahrung auf Jesus angewiesen. Wir müssen uns täglich an ihm nähren. Nur dann werden wir das frische Brot vom Himmel haben, das wir für die geistlich und körperlich Hungrigen brauchen.

Nur wenn wir täglich an seinem Tisch aus dem Vollen schöpfen, werden wir frisches Manna vom Himmel für die Armen haben. Mutter Teresa sagte es so:

> Als Jesus in diese Welt kam, liebte er sie so sehr, dass er sein Leben für sie gab. Er wollte den Hunger nach Gott stillen. Und was tat er? Er machte sich selbst zum Brot des Lebens. Er wurde für uns klein, schwach und hilflos. Brotstückchen können so klein sein, dass sogar ein Baby sie kauen kann. Er wurde zum Brot des Lebens, um unseren Hunger nach Gott, unseren Hunger nach Liebe zu stillen.[1]

Wenn wir gelernt haben, uns an ihm zu nähren, werden wir mit frischem Brot in die Finsternis gehen und es an die Menschenmengen austeilen. Nicht einmal die Armen mögen ausgetrocknetes, verschimmeltes Brot. Wir können nicht von dem Manna von gestern leben. Wir können nicht von alten Offenbarungen leben. In religiösen Kreisen bekommen die Menschen oft altes, vertrocknetes Brot zu essen, aber niemand mag es. Deshalb müssen wir in seine Gegenwart vordringen und täglich neu mit seinem frischen Brot gefüllt werden, oder wir werden alt, trocken und fad.

Es gibt die Fülle, die Jesus verheißen hat: «Selig sind die, die nach der Gerechtigkeit hungern und dürsten, denn sie sollen gesättigt werden» (Matthäus 5,6). Der Vater hat uns alle zu seinem Hochzeitsmahl eingeladen. Er möchte, dass wir kommen, an seinem Tisch sitzen und uns stärken. Das bedeutet, dass wir keine Krümel, kein altes Brot und keine Reste mehr essen. Wir können ganz einfach zu ihm kommen, uns von ihm in die Arme nehmen lassen und uns an seiner Liebe erquicken.

Wenn wir in Mosambik Waisenkinder aufnehmen, laufen sie oft nach ein paar Tagen wieder auf die Straße und durchsuchen den Müll und die dunklen Ecken nach brauchbaren Sachen. Sie leben noch in der Waisenmentalität und haben noch nicht begriffen, dass sie jetzt ein Zuhause haben, dass sie keine Waisen mehr sind. Aber Jesus lässt immer die neunundneunzig Schafe zurück, um dem einen nachzulaufen, das sich verirrt hat. Er sucht immer nach dem verlorenen Groschen. Jesus schlachtet das gemästete Kalb, gibt das größte Fest in der Stadt und verspricht: «Mein Sohn ... du bist allezeit bei mir und alles, was mein ist, ist auch dein» (Lukas 15,31).

Für ein ganzes Volk essen

Wenn alles, was Jesus gehört, auch uns gehört, können wir die Völker speisen. An einer Konferenz teilzunehmen genügt nicht. Wir müssen essen und trinken, bis wir von Jesus überlaufen. Wir müssen so voll von Jesus sein, dass er aus uns heraussickert. Wir müssen viel essen – viel mehr als nur zweimal pro Jahr. Wir müssen genug für ein ganzes Volk essen.

Die Armen haben mir gezeigt, was es bedeutet, hungrig und durstig zu sein. Sie haben mir meine eigene Bedürftigkeit gezeigt. Um jeden neuen Tag bewältigen zu können, muss ich täglich viele Stunden allein mit Jesus verbringen. Ich brauche seine Gegenwart, denn sonst kann ich nicht überleben. Oft liege ich in seiner Gegenwart auf meinem Angesicht. Ich suche den verborgensten Ort in seinem Herzen und berge mich da. An diesem Zufluchtsort lasse ich mich von ihm tränken. Wenn du jeden Tag in die Augen Jesu schaust und den Hunger in deinem Herzen bei ihm stillst, dann brennt seine Leidenschaft in deiner Seele.

Wenn ich dann von diesem verborgenen Ort komme, sehe ich, wie Jesus die Blinden heilt, wie sich ihre Augenfarbe von weiß über grau und dann nach braun verändert. Ich erlebe, wie Tausende der unerreichten Menschen ihre Knie vor Jesus beugen. Und ich sehe, wie vormals verlassene und verstoßene Kinder auf Schaukeln hin und her schwingen und dabei aus Leibeskräften Lobpreislieder singen. Ich muss mein Leben aus der Fülle und dem Überfluss seiner Gegenwart leben. Ich werde mir niemals anmaßen, dass ich auch nur irgendetwas aus eigener Kraft bewirken kann. Lerne, dich am Wort zu nähren. Stille deinen Hunger und Durst mit dem Wort. Jesus ist das Wort – das Brot des Lebens. Entdecke ihn in seinem Wort. Entdecke ihn in den Armen. Entdecke ihn in den Gesichtern der Hungrigen auf der Straße.

> 1 Ach ihr Durstigen, kommt her zum Wasser, und ihr alle, die ihr
> kein Geld habt, kommt herbei, kauft Brot und esst! Ja kommt,
> kauft ohne Zahlung und unentgeltlich Wein und Milch! 2 Wa-
> rum wollt ihr Geld für das zahlen, was kein Brot ist, und euren
> sauren Verdienst für etwas, was nicht satt macht? Hört doch
> auf mich, so sollt ihr Gutes zu essen haben, und laben soll sich
> eure Seele an fetter Speise!
>
> Jesaja 55,1–2

Komm im Glauben zu Jesus. Schau in seine Augen der Liebe. Verlange nach mehr von ihm. Was wir nicht haben, das hat Jesus, und er ist gut. Er wird es uns geben. Sein Leib und sein Blut sind genug für alle, die ihn empfangen.

Wir müssen lebendige Zeugen des Evangeliums der Gnade Gottes sein, denn daraus wird Erweckung fließen. Zusammen mit dem Rest des Leibes Christi werden wir ausharren und sogar größere Werke tun als die, die Jesus auf Erden tat – die Werke, die Gott bereits vor Grundlegung der Welt für uns bereitet hat.

Zum Nachdenken

Selig sind, die nach der Gerechtigkeit hungern und dürsten, denn sie werden gesättigt werden.

Die Welt hungert heute nicht nur nach Brot, sondern auch nach der Liebe. Sie hungert danach, gewollt zu sein, geliebt zu sein. Sie hungert danach, die Gegenwart Christi zu spüren.

In vielen Ländern haben die Menschen alles außer dieser Gegenwart, dieser Erkenntnis. Nur das Leben des Gebets und der Hingabe schenkt diese Liebe. Durch Gebet und das Nachsinnen über das Wort wirst du zur Gegenwart, zum Brot Gottes, das gebrochen werden kann.[2]

Mutter Teresa

Selig sind die Barmherzigen | 5

Wenn wir sterben, werden wir nicht nach der Anzahl der guten Werke gerichtet, die wir getan haben. Wir werden auch nicht nach den Abschlüssen oder Titeln gerichtet, die wir zu Lebzeiten erreicht haben. Wir werden nach der Liebe gerichtet, mit der wir unsere Arbeit verrichtet haben.[1]

Mutter Teresa

Vor nicht allzu langer Zeit hatten wir eine heikle Situation, bei der mehrere hundert Menschen, die erst kürzlich Christen geworden waren, nach einer Konferenz vor der Küche randalierten, weil sie Hunger hatten. Sie waren noch ganz jung im Glauben. Die Köchin hatte die Küche schon abgeschlossen und war nach Hause gegangen. Die Leute waren wütend und gerieten in Aufruhr. Sie schrien, stritten wie wild und riefen wutentbrannt: «Wir werden die Küche abfackeln!»

Ich fragte Gott, was ich tun sollte. Ich wusste, dass er aus dem Nichts heraus etwas schaffen konnte, weil er Gott ist. Die Leute waren in solch einem Aufruhr, dass wir um unser Leben fürchten mussten. Aber ich wusste auch, dass Gott verheißen hat, die zu segnen, die nach der Gerechtigkeit hungern und dürsten.

Dann hörte ich Gott zu mir sagen: «Stell dich in die Mitte des Aufruhrs.»

So schritt ich in die Mitte der wütenden Meute, und sie schrien: «Wir haben Hunger! Unsere Kinder haben Hunger, aber ihr lasst uns einfach verhungern. Wir sind zur Konferenz gekommen und es gibt nichts zu essen!»

Ich fing an zu weinen und sagte ihnen, dass es mir sehr leid tat. Dann bat ich sie, mir zu vergeben. Das war alles, was mir einfiel. Sofort hörte die wütende Meute auf zu schreien und sich zu streiten. Sie schauten mich an und sagten: «Wir vergeben dir, Mama Aida.»

Ich war erleichtert und froh über ihre Vergebungsbereitschaft, aber wir brauchten immer noch Essen, um alle satt zu bekommen. Gerade in dem Augenblick kam einer unserer Iris Transportwagen mit einem großen Topf Essen. Der Topf war voller klebriger Spaghetti – eine Art von Nudeln, die die meisten Leute im Westen nicht essen würden. Die Art Spaghetti, die wir in Mosambik haben, sind pampig und kleben wie dicke Nester zusammen. Das Problem war jedoch, dass in dem Topf nur genug Spaghetti waren, um höchstens fünfzig Leute zu sättigen. Aber wir hatten über vierhundert Leute, die in der Meute warteten.

Zur Konferenz waren auch hundert Leute aus dem Westen gekommen, die in Zelten kampierten und mithalfen. Ich grinste und wies sie an, das Essen auszuteilen.

Sie starrten mich einfach nur an. Die meisten von ihnen hatten mich auf der Konferenz sprechen hören, aber vielleicht glaubten sie nicht wirklich an Wunder. Sie fragten entrüstet, ob ich wüsste, wie viele Menschen da wären. Ich antwortete einfach: «Ich habe die Bibel gelesen. Teilt das Essen aus und macht die Teller randvoll, denn die Leute haben einen Riesenhunger.»

Ich hätte die Westler wegschicken können, und dann hätten sie das Chaos nicht mitmachen müssen. Aber ich wollte, dass sie die Herrlichkeit Gottes sehen. Ich sagte ihnen, sie sollten Jesus am Werk beobachten!

Die Westler servierten Spaghetti mit Brot, bis alle satt waren. Sogar die Westler, die kühn genug waren, unsere Spaghetti zu essen, wurden satt! Das ist mein Gott. Mein Gott ist Gott! Wir können auf sein Wesen vertrauen und glauben, dass er tut, was er verspricht.

Unsere neuen Gläubigen hatten sich dazu entschieden, trotz ihres Hungers barmherzig zu sein, und Gott war ihnen gegenüber barmherzig und stillte ihren Hunger!

Eine Ostergeschichte: Francis von den Toten auferweckt

Das für mich schönste Beispiel der Barmherzigkeit Gottes hat mit einem unserer Pastoren namens Francis zu tun. Vor einigen Jahren hatten wir eine regionale Konferenz in Südafrika. Unsere Versammlungen sind etwas anders als die Konferenzen im Westen. Alle Teilnehmer schlafen draußen unter freiem Himmel oder auf dem Boden im Gemeinderaum.

Gegen vier Uhr nachmittags ging Pastor Francis nach draußen, um das Tor abzuriegeln und eine Bande zu beschwichtigen, die sich vor dem Tor aufhielt und Unruhe stiftete. Aber die Bande stürzte sich wild auf ihn und prügelte ihn tot.

Als unser Pastor Surpresa die Polizei anrief, antworteten sie: «Es wird schon dunkel. So spät kommen wir nicht mehr. Es ist viel zu gefährlich da draußen.» Dann rief er das Krankenhaus an. Die Telefonistin sagte: «Tut mir leid, in dieses Viertel schicken wir keinen Krankenwagen.»

Niemand hatte ein Auto, aber es gelang Pastor Surpresa schließlich, ein altes Auto von einem Freund zu leihen und den Leichnam von Pastor Francis ins Krankenhaus zu bringen. Alle beteten, als das Auto von einigen Männern angeschoben wurde und dann endlich startete. Die gesamte Gemeinde rief zu Gott. Pastor Francis war nun schon seit über einer Stunde tot.

Kurz nach Mitternacht aber, als die Gemeinde in Einheit betete, kam Francis wieder zurück ins Leben! Sein Gesicht und sein ganzer Körper waren jedoch geschwollen, seine Kleider waren zerrissen und er hatte entsetzliche Schmerzen. Die Ärzte wussten nicht, was sie tun sollten, außer ihm Morphium gegen die Schmerzen zu geben. Bevor ihn die Medikamente ruhig stellten, hauchte er mit seiner aufgeplatzten und geschwollenen Lippe Pastor Surpresa zu: «Vergib ihnen.»

Um 6 Uhr morgens ging Pastor Surpresa wieder zurück ins Krankenhaus, um nach Francis zu sehen. Seine Augen waren so geschwollen, dass er sie nicht einmal öffnen konnte. Sein ganzer Körper war von Prellungen und Blutergüssen übersät. Er sah furchtbar aus. Als er wieder wach wurde, konnte er kaum einen klaren Gedanken fassen oder reden, denn seine Lippen waren völlig angeschwollen. Es sah so aus, als ob es sehr lange dauern würde, bis er sich wieder erholen würde.

In der Zwischenzeit betete die Gemeinde weiter und überlegte, was sie mit den Übeltätern tun sollten, falls die Polizei sie finden würde. Gemäß dem Wunsch von Pastor Francis wurde entschieden, dem Übeltäter zu vergeben, der ihn so zugerichtet hatte.

Am späten Vormittag verhaftete die Polizei einen der Bandenmitglieder. Sie riefen Pastor Surpresa an und sagten, dass jemand beim Polizeibüro vorbeikommen und Anklage erheben sollte. Pastor Surpresa erklärte ihnen jedoch, dass es ein kleines Problem gäbe, denn der Mann, der ermordet worden war, sei nicht mehr tot und die Gemeinde habe beschlossen, keine Anklage gegen die Bande zu erheben.

Das beunruhigte die Polizei sehr, denn sie befürchtete, dass diese Geste weitere Kriminalität anheizen würde. Sie wollte, dass der Straftäter, ein Teenager, für mindestens achtzehn Monate hinter Gitter kam. Aber Pastor Surpresa und die Gemeinde blieben bei ihrem Entschluss. Sie waren davon überzeugt, dass Barmherzigkeit über das Gericht triumphiert und Vergebung immer den Sieg mit sich bringt(Jakobus 2,13). Dem Jungen wurde vergeben und die Polizei entschied, dass der Übeltäter dem Gewahrsam der Gemeinde übergeben werden sollte.

In dem Augenblick, als der Entschluss gefasst wurde, dem jungen Mann zu vergeben, wurde Francis völlig geheilt. Das Krankenhaus rief kurz nach der Diskussion mit der Polizei an und sagte, jemand solle Pastor Francis abholen.

Surpresa fuhr ins Krankenhaus und fand Francis vollkommen geheilt vor. Er hatte keine Prellungen, Schwellungen, Blutergüsse, Wunden oder Narben mehr. Er sah so aus, als sei ihm kein Haar gekrümmt worden! Normalerweise werden Patienten nie an einem Sonntag aus dem Krankenhaus entlassen, denn sie bleiben immer bis Montag zur Beobachtung. Aber weil Francis nichts mehr fehlte, sahen sie keinen Grund, ihn länger dazubehalten.

Der einzige Hinweis auf den Überfall war Francis Kleidung. Surpresa musste neue Kleidung für ihn besorgen, denn seine alte war durch das Verprügeln völlig zerrissen und blutverschmiert.

Am nächsten Morgen ging Francis mit Surpresa zur Polizei, um den jungen Mann abzuholen, der ihn totgeprügelt hatte. Die Polizei war immer noch entrüstet über die Entscheidung, keine Anklage zu erheben, aber sie sagte schließlich: «Macht mit ihm, was ihr wollt.»

Gemäß Matthäus 5,7: «Selig sind die Barmherzigen, denn sie werden Barmherzigkeit erlangen», entschied die gesamte Gemeinde im entgegengesetzten Geist zu handeln. Sie brachten ihm tiefe Liebe und Barmherzigkeit entgegen. Innerhalb einer Stunde gab der junge Mann Jesus sein Leben. Danach besuchte er unsere Bibelschule, und heute verkündet er überall, wo er hingeht, das Evangelium.

Im Ostergottesdienst desselben Jahres saß Pastor Francis auf der Bühne und bewies jedem, dass er tatsächlich von den Toten auferweckt worden war und an diesem Tag seine Braut heiraten würde. Rolland und ich schauten uns lächelnd an und sagten gleichzeitig: «Heute brauchen wir keine lange Predigt. Pastor Francis ist die Botschaft!»

Stell dir vor: Pastor Francis kam von den Toten zurück, um seine Braut am Auferstehungssonntag zu heiraten! Was für ein wunderbares Beispiel für das, was Jesus für uns getan hat! Es war solch ein wunderschöner Tag, als seine Braut in die Kirche kam und voller Liebe und Dankbarkeit strahlte. Sie hatten wahrlich große Barmherzigkeit erlangt.

Barmherzigkeit erweisen

Ein anderer junger Mann, der einer Gruppe von Gangstern zum Opfer fiel, war Luis. Ich erinnere mich noch daran, wie ich ihn krank und verletzt auf der Straße fand. Luis war sehr wütend und zornig, denn die Gangster hatten ihn samt seinem Haus angezündet.

Das Haus, das Luis bis dahin als sein Zuhause bezeichnet hatte, war nicht mehr als eine Hütte aus Pappe gewesen. Die Gangster hatten seine Hütte eines Nachts, während er schlief, mit Seilen umschnürt und zugebunden, so dass er nicht mehr herauskommen konnte. Dann hatten sie die Papphütte mit Benzin überschüttet und sie in Brand gesetzt. Er entkam nur knapp dem Tod. Er hatte schreckliche Verbrennungen und es dauerte viele Monate, bis er sich in dem baufälligen, alten Krankenhaus vor Ort erholt hatte. Luis war krank, entstellt und wütend darüber, dass ihm etwas so Schreckliches angetan worden war.

Von Natur aus war Luis kein barmherziger Mensch. Er lebte vom Diebstahl, schlug Leute zusammen und war in viele Messerstechereien verwickelt. Aber das Elend und Unglück, das ihm widerfahren war, hatten ihn zu einem zerbrochenen Menschen gemacht. Seit er die Verbrennungen erlitten hatte, konnte er seinen Urin nicht mehr halten, er war schmutzig, wütend und zerbrochen. Ich verbrachte viel Zeit mit ihm und wurde für ihn zum Freund.

Luis war bereits achtzehn und den Hausregeln nach eigentlich schon zu alt, um bei uns im Waisenhaus zu leben. Aber ich scheine wohl immer wieder ein paar Regeln zu brechen!

Ich erzählte ihm von dem Mann namens Jesus, der sein Haus und seine Reichtümer aufgegeben hatte und auf die Straße ging. Ich beschrieb meinen wunderbaren Jesus als den einen, der den Himmel verließ, um auf die Erde zu kommen und ihn zu finden. Ich erzählte ihm von der leidenschaftlichen Liebe Jesu. Luis sagte: «Diesen Mann muss ich unbedingt kennenlernen.» Ich antwortete ihm, dass dieser Mann in mir lebt.

Nach seiner Bekehrung veränderten sich die Dinge nicht schnell für Luis. Im Gegenteil, sie blieben weiterhin schwierig. Wir gaben ihm neue Kleidung und ein Zuhause. Wir versuchten, ihm Barmherzigkeit zu zeigen. Eines Tages kam Luis zu mir und sagte: «Mama Aida, ich werde mit dir auf die Straße gehen. Ich werde mit den Gangstern reden, die mich umbringen wollten. Ich werde ihnen sagen, dass ich ihnen vergebe.»

Nachdem er denen vergeben hatte, die versucht hatten, ihn zu verbrennen, zeigte er vielen anderen, die auf der Straße leben, große Barmherzigkeit. Ich konnte mit anschauen, wie die Güte Gottes durch Luis Leben strömte.

Der Wohlgeruch Jesu für eine zerbrochene Welt

Eine unserer Kirchen war eine unkonventionelle Gemeinde an einem unkonventionellen Ort. Wir versammelten uns in einem Bordell, um die Prostituierten dort zu erreichen. Wir hielten dort Gottesdienste und versuchten, den jungen Mädchen die wahre Liebe zu zeigen. Aber wir sahen nicht wirklich einen Durchbruch. Den Mädchen gelang es nicht, aus ihrem Lotterleben auszubrechen.

Ich wollte unbedingt sehen, dass diese Mädchen frei würden, und so begann ich ein vierzigtägiges Fasten. In meinem Hunger und meiner Verzweiflung rief ich: «Gott, du musst etwas tun! Du musst die Situation verändern, damit sie aufhören, ihren Körper zu verkaufen.» Ich bat Gott, das Herz der Mädchen zu verändern. Manche von ihnen waren erst zehn, elf oder zwölf Jahre alt. Sie gingen auf die Straße und verkauften ihren Körper für eine Flasche Cola.

Eines Tages, als ich wieder zum Bordell fuhr, kamen mir die Mädchen entgegen. Sie riefen: «Wir können uns nicht mehr verkaufen. Wir können es nicht mehr tun. Wir wollen uns nicht länger prostituieren.» Ich fing an zu weinen und sie fielen auf ihre Knie, um Gott anzubeten.

Ich fragte Gott, was ich als nächstes tun sollte. Ich wusste, dass ich diese Mädchen nicht mit in unser Zentrum nehmen konnte, wo nur Jungen wohnten. So musste ich eine Gemeinde gründen und einen Pastor finden, der das Herz Jesu in sich trug – ein Herz voller Heiligkeit und Reinheit.

Ein unwahrscheinlicher Kandidat

Nachdem ich die Situation vor Gott gebracht hatte, schaute ich auf. Ich sah, wie ein Mann ganz in meiner Nähe auf der schmutzigen Erde kniete und betete. Ich hörte ihn Lobpreislieder singen. Es war Luis. Er hatte unsere Pastorenbibelschule nicht abschließen können, weil er weder lesen noch schreiben konnte. Aber er war ein Mann voller Barmherzigkeit.

Dort auf der Erde im Schmutz war Luis und betete Gott mit erhobenen Händen an. Ich kniete neben ihm nieder und fragte ihn, ob er für diese Mädchen sorgen und ihr Pastor werden würde.

Er brach weinend zusammen. Dann schaute er mich an und sagte: «Würde Gott mir das Vorrecht geben, etwas so Wunderbares tun zu dürfen? Würde Jesus mich wirklich mit solch einer Aufgabe ehren? Kann seine Liebe tatsächlich so groß sein, dass er einen Menschen wie mich gebraucht?»

Luis hatte große Demut und große Liebe, und er nahm die Position als Pastor an, zog in diese Gegend und kümmerte sich um diese Mädchen. Das war die einzige Gemeinde, die ich jemals gegründet und dann eines Tages wieder geschlossen habe. Aber es ging nicht anders. Wir mussten aus dem Bordell heraus, denn alle Mädchen hatten der Prostitution den Rücken gekehrt!

Luis ist uns schon zum Herrn vorausgegangen. Er starb an AIDS. Er hatte sich damals als Jugendlicher auf der Straße infiziert. Sein Leben war voller Hingabe und Liebe zu seinem König Jesus. Ich weiß, dass Luis heute voller Freude in der Gegenwart seines Königs und Bräutigams ist.

Noch eine unwahrscheinliche Kandidatin – Helena

Eine weitere Heldin, die mich Barmherzigkeit gelehrt hat, ist Helena. Obwohl sie nur ein Bein hat, ist Helenas Leben segensreich. Sie zeigte mir, welch ein Segen über dem Leben ruht, das die Seligpreisungen lebt und Barmherzigkeit schenkt.

Eines Tages waren wir in Maputo und saßen auf der Straße, als wir plötzlich Gewehrschüsse hörten. Die Polizei schoss auf ein paar Kinder, die etwas gestohlen hatten. Dann hörte ich einen Jungen panisch schreien: «Mama Aida, sie versuchen, uns zu töten. Bitte beschütze mich!» Er hatte ein Auto gestohlen.

Ich antwortete: «Natürlich werde ich dich beschützen.» Ich flehte Gott an: «Bitte rette ihn. Lass ihn nicht sterben.» Ich hielt den Jungen fest in meinen Armen. Der Schreck saß ihm noch in allen Gliedern und ich konnte seine Angst förmlich spüren. Er hatte eine Schusswunde am Arm und blutete.

Helena hatte die ganze Szene aus der Ferne beobachtet. Sie hatte gesehen, wie ich den Jungen in meinen Armen hielt. Sie versuchte ihre Tränen zu verbergen, als sie über die Straße auf uns zu humpelte, um sich zu uns zu setzen.

Ich fragte sie, ob sie mit mir reden wollte, denn ich konnte sehen, dass sie tief berührt war. Ich weiß nicht, wie alt Helena war. Ich weiß auch nicht, wie alt der Junge war – das ist immer schwer zu sagen bei Straßenkindern, denn meistens wissen sie es selber nicht. Das einbeinige Mädchen saß rechts von mir und der Junge mit der Schusswunde saß an meiner linken Seite.

Ich fragte Helena, warum sie nur ein Bein hatte. Sie erzählte mir, dass sie es bei einem Brand verloren hatte. Weil ihr Bein verbrannt war, dachte ihre Familie, dass sie jetzt zu nichts mehr nutze war. Ihre Großmutter nahm sie einfach mit nach draußen und befahl ihren Brüdern, sie zu töten. Ihre Brüder schleppten sie auf ein Feld und steinigten sie. Sie hielten sie für tot und ließen sie einfach auf dem Feld zurück.

Sie lag da und schrie. Sie war wütend, hilflos und wünschte ihrer Familie den Tod. Aber Gott schickte einen Mann – einen Mann wie den Barmherzigen Samariter, der sie auf dem Feld liegen sah und sie in ein Krankenhaus brachte. Dort lag sie neun Monate lang.

Wir wissen nicht, wie sie überhaupt so lange in dem Krankenhaus überleben konnte, denn in den Krankenhäusern in Mosambik gibt es keine Verpflegung. Wenn man keine Familie oder Freunde hat, die einem Essen bringen, dann hat man nichts zu essen. Sie war ganz allein in dem Krankenhaus und hatte nur sehr wenig Essen, das steht fest – und das neun Monate lang.

Danach war Helena gezwungen, ihren Körper auf der Straße zu verkaufen, um nicht zu verhungern. Als ich ihre Geschichte hörte, brach mir das Herz. Fragen stiegen in mir auf. War das gerecht? Wie konnte das geschehen? Das war nicht Gottes Wille. Das war nicht seine Liebe.

Nach einer Weile konnte ich Helena von einem Mann erzählen, der sie mit reinen Augen ansieht. Ich sagte ihr, dass dieser Mann sie wunderschön findet, und dass dieser Mann Jesus Christus ist, der sein Leben für sie gegeben hat. Helena empfing Jesus direkt dort auf der Straße und kam dann mit uns nach Hause und lebte bei uns.

Wem viel vergeben wird, erweist viel Liebe

Anfangs sprach Helena immer noch davon, wie sehr sie ihre Familie für das hasste, was sie ihr angetan hatte. Aber als sie Jesus immer mehr kennenlernte und ihre Liebe zu ihm wuchs, nahm auch ihre Barmherzigkeit zu. Ich konnte nur noch über die Liebe staunen, die durch dieses Mädchen strömte. Wir konnten schließlich eine Beinprothese für sie besorgen. Nach ein paar Monaten kam sie zu mir und sagte, dass sie nach Hause gehen wollte. Sie wollte ihren Brüdern von Jesus erzählen und sie wollte auch, dass ihre Großmutter Jesus kennenlernt.

Ich machte mir jedoch große Sorgen, weil ich wusste, wie schwierig ihre Familiensituation war. Aber wenn man weiß, dass einem wirklich vergeben ist, dann lernt man auch anderen zu vergeben. Jesus forderte seine Jünger heraus, als er über die Frau sprach, deren Sünden groß waren: «Deshalb sage ich dir: Ihre vielen Sünden sind ihr vergeben, denn sie hat viel Liebe erwiesen; wem aber nur wenig vergeben wird, der erweist auch nur wenig Liebe.» (Lukas 7,47).

Helena war voller Wut und Hass zu uns gekommen. Aber sie hatte Gottes Barmherzigkeit erfahren und war nun entschlossen, ihrer Familie Barmherzigkeit zu schenken und ihnen das Licht Jesu zu zeigen, selbst wenn die Familie sie umbringen würde.

Als sie nach Hause ging, führte sie einen ihrer Brüder zu Jesus. Ihre Großmutter praktizierte jedoch weiterhin Hexerei. Helena zog in eine kleine Schilfhütte neben dem Haus ihrer Familie und brachte ihnen Liebe entgegen. Ihr Leben des Schmerzes und der Prostitution war vorbei.

Ich erinnere mich noch an den Tag ihrer Hochzeit, als sie in der Kirche auf ihren Bräutigam zuschritt. Sie trug das Hochzeitskleid, das schon so viele vor ihr getragen hatten, aber sie sah einfach freudestrahlend, rein und geläutert aus. Sie war wunderschön. Sie hatte viel Vergebung empfangen.

Sie hatte ihrer Familie große Barmherzigkeit entgegengebracht und im Gegenzug empfing sie große Barmherzigkeit von Gott. Gott segnete sie mit einer Hochzeit, einer Familie und wunderbaren eigenen Kindern. Sie vergab allen, die sie missbraucht und misshandelt hatten. Und noch wichtiger: Sie vergab sich selbst und ließ allen Hass und alle Wut los. Deshalb war sie imstande, die Barmherzigkeit Gottes zu empfangen und seine Barmherzigkeit an alle anderen um sich herum weiterzugeben.

Zum Nachdenken

Selig sind die Barmherzigen, denn sie werden Barmherzigkeit erlangen.

Lieber Herr,
Hilf mir, deinen Wohlgeruch zu verbreiten, wo immer ich hingehe. Überflute meine Seele mit deinem Geist und deinem Leben.

Durchdringe mein ganzes Sein und nimm es völlig in Besitz, damit mein ganzes Leben nur dein Leben widerstrahlt.

Scheine durch mich hindurch und sei so stark in mir, dass jeder, mit dem ich in Berührung komme, deine Gegenwart in meiner Seele spürt. Lass sie aufblicken und nicht mehr mich sehen, sondern nur dich, Herr!

Bleibe bei mir – dann werde ich so leuchten wie du leuchtest. Dann werde ich so leuchten, dass ich ein Licht für andere bin.

Dieses Licht, o Jesus, wird ganz von dir kommen, nichts davon wird meins sein. Du wirst es sein, der den anderen durch uns anleuchtet.

Lass mich dich so preisen, wie du es am liebsten hast: indem ich für andere um mich ein Licht bin.

Lass mich dich predigen, ohne zu «predigen»: nicht durch Worte, sondern durch mein Beispiel – durch die gewinnende Macht, durch einfühlsame Gesten, in allem was ich tue, die sichtbare Fülle der Liebe, die mein Herz dir entgegenbringt.
Amen.[2]

John Henry Newman

(Eines der Lieblingsgebete Mutter Teresas, das die Missionare ihrer Arbeit jeden Tag beten)

Selig sind, die reinen Herzens sind | 6

Es ist nicht nötig, ständig über die Schrift nachzudenken oder bewusst das Gefühl zu haben, dass wir mit Gott reden, egal wie schön das wäre. Worauf es ankommt ist, bei ihm zu sein, in ihm und in seinem Willen zu leben. [1]

Mutter Teresa

Wenn ich darüber nachdenke, was Gott mit einem «reinen Herzen» meint, muss ich an die Worte von Mutter Teresa denken: «Wenn unsere Berufung Frucht tragen soll, muss sie von Gedanken an andere erfüllt sein.»[2] Und: «Mit einem reinen Herzen zu lieben, jeden zu lieben, insbesondere die Armen, ist ein Vierundzwanzig-Stunden-Gebet.»[3]

Die Armen zu lieben ist eine Arbeit rund um die Uhr, aber sie ist mit unglaublicher Freude erfüllt. Es fordert mich täglich heraus, wenn die Nöte so groß, die Menschenschlangen so lang und die Mengen so hungrig sind. Aber trotz all unserer Unzulänglichkeiten sehen wir, wie Gottes Kraft die Erweckung unter den Armen in Afrika schürt. Seine Gnade hört niemals auf, und sie ist neu jeden Morgen.

7 Wir allerdings sind für diesen kostbaren Schatz, der uns anvertraut ist, nur wie zerbrechliche Gefäße, denn es soll deutlich werden, dass die alles überragende Kraft, die in unserem Leben wirksam ist, Gottes Kraft ist und nicht aus uns selbst
kommt. 8 Von allen Seiten dringen Schwierigkeiten auf uns
ein, und doch werden wir nicht erdrückt. Oft wissen wir nicht

mehr weiter, und doch verzweifeln wir nicht. 9 Wir werden verfolgt und sind doch nicht verlassen; wir werden zu Boden geworfen und kommen doch nicht um. 10 Auf Schritt und Tritt erfahren wir am eigenen Leib, was es heißt, am Sterben Jesu teilzuhaben. Aber gerade auf diese Weise soll auch sichtbar werden, dass wir schon jetzt, in unserem irdischen Dasein, am Leben des auferstandenen Jesus teilhaben.

2. Korinther 4,7–10 (NGÜ)

Wenn ich daran denke, was Gott von einem reinen Herzen erwartet, sehe ich dabei gleich meine mosambikanischen Kinder vor mir. Wenn ich ihren Hunger nach mehr von Jesus sehe, füllt sich mein Herz mit Freude. Sie haben mich gelehrt, in einfacher, reiner Hingabe zu leben und nicht davon abzuweichen. Manchmal machen wir das Evangelium komplizierter als es ist, denn letztendlich gehört das Reich Gottes den Kindern!

Jeden Tag bitten wir um frisches Brot vom Himmel, und Gott gibt einigen unseren Pastoren und Kindern immer wieder himmlische Visionen und Offenbarungen, in der sie *ihn* sehen.

Crispen

Während einer unserer Gottesdienste an einem Freitagabend hatte einer unserer Jungen namens Crispen eine Vision. Plötzlich sah er ganz deutlich, wie etwas sehr Finsteres aus seinem Herzen wich. Dann sah er ein helles, weißes Licht, das in sein Herz strahlte und explodierte. Er hörte, wie eine Stimme sagte: «In all dem überwinden wir weit.»

Crispen kam zu mir und fragte mich, was das bedeutete. Tränen strömten über sein Gesicht, denn er war vom Heiligen Geist tief berührt.

Diese Vision hätte zu keinem besseren Zeitpunkt kommen können. Wir waren alle erschöpft, überstrapaziert und von Nöten, Krisen, Korruption und Enttäuschungen überwältigt. Von allen Seiten stürmten unaufhörlich die Hilferufe und Anfragen der Armen auf uns ein – wir waren aber einfach überfordert. Crispens kindlicher Glaube zeigte uns Gottes Perspektive inmitten extremer Anfechtung.

Wir hielten an Gottes Perspektive fest. Wir entschlossen uns, unseren Blick nicht auf unsere Schwachheiten und Unzulänglichkeiten oder auf die finsteren Mächte und Gefahren um uns herum zu richten, sondern auf ihn zu schauen. Ein Blick in sein herrliches Angesicht schenkt uns wieder neue Kraft. Wenn wir in seine Augen schauen, sind wir wieder voller Vertrauen auf sein Werk am Kreuz. Sein Evangelium ist genug. Crispen hatte Recht: in all dem überwinden wir weit durch den, der uns liebt!

Wir knieten neben Crispen auf dem schmutzigen Boden nieder und baten ihn, für uns zu beten. Tränen strömten über sein dunkles Gesicht, und er betete Jesus an. Crispen war zu der Zeit seit sechs Monaten bei uns. Er hatte Jesus gerade erst angenommen und konnte es biblisch noch gar nicht einordnen, was er da erlebte.

Während sich Crispen in der Vision befand, kam eine amerikanische Besucherin und betete für meine Assistentin Shara. Sie hatte ein prophetisches Wort für sie und betete für sie – auf Englisch. Sie sah ein Bild, in dem Gott Shara eine neue Waffenrüstung anlegte.

Crispen war völlig in seiner himmlischen Vision versunken und verstand kein einziges Wort von dem, was die Besucherin gebetet hatte. Dann lehnte er sich zu Shara herüber, die mit ihrem Angesicht auf dem Boden lag, und gab ihr genau das gleiche prophetische Wort auf Portugiesisch. Zwei Menschen, zwei Generationen, zwei Sprachen, aber derselbe Gott. Crispens prophetisches Wort ermutigte uns, unseren Blick nach vorn zu richten und im Geist weiter vorzudringen, um unser Erbe in Besitz zu nehmen, das Christus für uns hat.

Die himmlischen Erfahrungen und Visionen der Kinder sind für mich ein Zeichen, dass die Herrlichkeit des Herrn die Erde bedecken wird wie das Wasser das Meer (Habakuk 2,14). Gottes Liebe zu den Witwen und Waisen bricht wie eine Flut über Mosambik herein, und viele kommen zu Jesus. Ich sehe, wie der Herr durch diese Kinder, die reinen Herzens sind, die Armen zum Hochzeitsmahl ruft. Sie lehren mich, mich in der Verborgenheit des Herzens Gottes zu bergen und mich ganz von seiner Gegenwart überschatten zu lassen.

Nur im verborgenen Ort seines Herzens können wir Ruhe finden. Hier legen wir uns vor ihm nieder und hören auf ihn, bis er uns sagt, dass wir aufstehen und zur Tat schreiten sollen. Aber wenn wir dann aufstehen, werden ganze Völker zu Jesus kommen.

Diese himmlischen Offenbarungen und Visionen haben mich dazu angespornt, in dem Fluss zu leben, der in Hesekiel 47 beschrieben wird. Ich möchte ganz in seine Herrlichkeit untertauchen. Ich möchte seine Augen sehen, sein Herz berühren und seine unaufhörliche, unbegrenzte Liebe an die verlorene und sterbende Welt weitergeben. Nur wenn wir ihm ganz hingegeben sind, werden ganze Völker zu ihm kommen.

Der Schlüssel der Kinder: die Reinheit des Herzens

> 2,28 Und gerade jetzt, meine Kinder, bleibt in ihm, damit wir, wenn er sich offenbart, freudige Zuversicht haben dürfen und bei seiner Ankunft nicht beschämt vor ihm zurücktreten müssen … 3,1 Seht, welch große Liebe uns der Vater dadurch erwiesen hat, dass wir Kinder Gottes heißen sollen, und wir sind es auch. Deshalb erkennt die Welt uns nicht, weil sie ihn nicht erkannt hat. 2 Geliebte, schon jetzt sind wir Kinder Gottes, und es ist noch nicht offenbar geworden, was wir sein werden. Wir wissen jedoch, dass, wenn diese Offenbarung eintritt, wir ihm gleich sein werden; denn wir werden ihn sehen, wie er ist.
>
> 1. Johannes 2,28; 3,1–2

Wenn er offenbar wird, werden wir ihm gleich sein! Wir werden sehen, wie er sieht, und fühlen, wie er fühlt. Wir müssen aber nicht warten, bis wir in den Himmel kommen, um ihm ähnlicher zu werden. Wir können uns jetzt schon von ihm reinigen lassen. Wir müssen ihn bitten, uns zu reinigen und uns von jedem verborgenen Motiv und jedem falschen Gottesbild zu befreien.

Der Wunsch meines Herzens ist, heilig zu sein und in der Liebe zu leben. Ich sehne mich nach dem reinigenden Feuer seiner

Liebe, das jedes falsche Motiv in mir verzehrt. Wenn unser Herz rein wird, können wir ihn deutlicher sehen. Ich möchte, dass der Heilige Geist so von mir Besitz ergreift, dass Gott mich völlig überschattet. Ich will ihm ganz gehören.

Mein Gebet ist, dass wir uns alle im Herzen der wunderbaren Liebe Gottes bergen, bis wir sein Wesen als Söhne und Töchter widerspiegeln und seinem Sohn immer ähnlicher werden. Wenn unser Herz reiner wird, wird unsere Sehkraft stärker, und dann können wir Gott mit klarerer Sicht sehen.

Das Feuer seiner Augen

> 6 Lege mich an dein Herz wie einen Siegelring, wie einen Sie-
> gelring an deinen Arm! Denn stark wie der Tod ist die Liebe
> und ihre Leidenschaft unbezwinglich wie die Unterwelt; ihre
> Gluten sind Feuergluten, ihre Flammen wie Flammen Got-
> tes. 7 Die mächtigsten Fluten vermögen die Liebe nicht aus-
> zulöschen…
>
> Hohelied 8,6–7

Jedes Mal, wenn ich eine himmlische Vision habe, bin ich von Jesu Augen der Liebe völlig überwältigt. Sie sind wie lodernde Flammen feuriger Liebe. Und genauso wie die Schriftstelle es sagt, können selbst die mächtigsten Fluten diese Liebe nicht auslöschen.

Wir sind dazu berufen, unseren Blick auf sein Herz zu richten. Wenn wir den Mut haben, direkt in seine Augen zu schauen und seinem läuternden Blick nicht auszuweichen, wird er unser Herz reinigen. Wenn er uns mit seinen feurigen Augen anschaut, brennt sein durchdringender Blick ein Stück Ewigkeit in unser Herz. Wenn wir in sein Angesicht schauen, nehmen wir sein Bild in uns auf. Wir werden ihm ähnlicher, und dann können wir im Feuer seiner Liebe verweilen.

Jesaja 33,14–15 sagt: «Wer kann denn weilen bei dem verzehrenden Feuer? Wer kann denn weilen bei den ewigen Gluten? Wer in Gerechtigkeit wandelt...». Um uns in seinem Feuer aufhalten zu können, müssen wir die Augen auf Jesus richten. Wenn die Menschen dann in unsere Augen schauen, schaut Jesus sie durch uns an.

Ich bin davon überzeugt, dass Gott frische Salbe auf unsere Augen auftragen will, damit wir mit seinen Augen sehen und mit seinen Ohren eine verlorene und sterbende Welt hören. Unser Gott ist in unseren Augen viel zu klein. Wir begrenzen ihn.

Wir brauchen reine Augen und reine Herzen, um Gott deutlich zu sehen – so wie er wirklich ist. Wenn wir seine Augen nicht haben, fangen wir an, Gott aus unserem Blickwinkel zu beurteilen, anstatt die Menschheit aus der Sicht Gottes. Wir müssen erkennen, dass er größer ist als all unsere Nöte. Wenn wir die Dinge aus Gottes Perspektive sehen, dann erkennen wir so viel mehr.

Vor kurzem hatte ich eine andere Vision, in der ich von zwei Engeln emporgehoben wurde. Einer war an meiner linken Seite, der andere an meiner rechten, und wir flogen über die Völker der Erde. Ich sah große Scharen von kranken, sterbenden und zerbrochenen Menschen. Dann gaben mir die Engel goldenes Öl. Ich flog mit ihnen über die Völker und goss das goldene Öl über die Menschen aus. Es floss wie Honig über sie.

Sie fielen alle auf ihr Angesicht, und jeder Einzelne wurde geheilt. Ich sah eine riesengroße, weit umfassende Ernte. So etwas Gewaltiges hatte ich noch nie zuvor gesehen. Wir fangen jetzt erst langsam an, diese Ernte und die Erfüllung der Vision zu sehen. Und wir sehen, dass Gottes Herz groß genug ist, um die ganze Welt zu lieben.

Arsenio

Ein anderer meiner mosambikanischen Söhne ist Arsenio. Er hatte eine Vision, in der er das Angesicht Jesu sah. Diese Vision erweiterte seine Kapazität zu lieben. Arsenio ist für mich ein Beispiel, wie Gott unsere Herzen reinigen kann. Er ist ein Mischlingskind, und ich fand ihn abgemagert und ausgemergelt auf der Müllhalde in Maputo. Er stöberte auf der ärmsten Mülldeponie der Welt nach Essensresten herum und versuchte so zu überleben.

Arsenio war voll von Dämonen. Obwohl er noch ein kleines Kind war, konnte er mehrere Pastoren gleichzeitig zu Boden werfen. Ich wusste nicht, was ich mit ihm tun sollte, außer ihn in den Armen zu halten und leise zu beten, dass Jesus sein Herz heilt. Arsenio wurde frei. Ich wusste, dass dieser Junge etwas Besonderes war.

Als wir eines Tages in unserem Kirchenzelt in Zimpeto Gott anbeteten, sah ich, wie Arsenio auf dem Boden lag, sein Gesicht tief in den Sand drückte und schluchzte. Er weinte und bebte am ganzen Körper – er war verzweifelt und hungrig nach mehr von Gott. Mit jeder Stunde wurden jedoch unsere mosambikanischen Hausmütter im Kinderhaus nervöser. Schließlich kamen sie zu mir und fragen: «Mama Aida, was sollen wir tun?»

Ich sagte: «Es ist gut, was mit ihm passiert. Ich verstehe es, denn ich war selbst einmal tagelang auf dem Boden. Seine Tränen sind ein Zeichen für eine heilige Offenbarung. Lasst ihn dort, Gott rührt ihn an.»

Von all den Kindern, die Gott hätte auserwählen können, hat er diesen Jungen auserkoren – den zerbrochensten, hungrigsten und den, der Gott von ganzem Herzen liebt.

Arsenio vergab seinen Eltern, die ihn im Stich gelassen hatten. Aber er war immer noch auf der Suche nach einer Vaterfigur. Und unser himmlischer Vater füllte diesen Mangel und begegnete seinem reinen Herzen, als Arsenio auf dem Boden lag und Jesus anbetete.

Am Ende des Abends trugen wir ihn in sein Zimmer, denn er konnte sich nicht bewegen. Ich legte ihn in sein Bett, deckte ihn zu, küsste ihn und sagte: «Ich sehe dich morgen.» Aber er konnte immer noch nicht sprechen.

Als ich am nächsten Tag mit unseren kleinen Mädchen spielte, stürzte Arsenio Hals über Kopf auf mich zu. Als er in meine Arme sprang, sah ich, dass er über das ganze Gesicht strahlte.

Er rief: «Mama Aida, ich habe Jesus gesehen!»

Ich fragte ihn, warum er den ganzen Abend geweint hatte. Arsenio antwortete, dass er über die Sünden Mosambiks geweint und Jesus ihm gesagt hatte: «Ich vergebe allen, die zu mir kommen.»

«Ich habe Jesus gesehen»

Heute bringt Arsenio die gute Nachricht zu den Armen in den abgelegenen Dörfern im Busch. Er ist voller Leben und Licht. Wenn er auf eine Menschenmenge von Tausenden oder sogar mehr schaut, schrickt er nicht zurück und ist nicht eingeschüchtert. Auch wenn der Schmerz über seine verlorenen Eltern noch nicht ganz versiegt ist, weiß er seit dieser Offenbarung, dass er kein Waise mehr ist, sondern ein Sohn im Haus. Er weiß, dass Zeichen und Wunder nicht der geistlichen Elite vorbehalten sind.

Das Herz des himmlischen Vaters schlägt in Arsenio, und er predigt die frohe Botschaft mit Leidenschaft und Freude. Er singt und betet Gott an, selbst wenn die Leute mit Steinen auf ihn werfen. Es macht ihm nichts aus. Wenn er den Kranken die Hände auflegt, werden viele geheilt.

Ich habe mit angesehen, wie dieses einst so verworfene und ausgestoßene Kind jetzt im Licht der Herrlichkeit Gottes wandelt und mit seiner feurigen Liebe brennt. Ich habe auch gesehen, wie er sich vielen schmerzlichen Dingen aus seiner Vergangenheit gestellt und sie durch die Gnade Gottes bewältigt hat. In dieser Vision ist etwas mit Arsenio geschehen, das seine Kapazität zu lieben und zu vergeben erweitert hat. Gott hat sein steinernes Herz genommen und ihm ein fleischernes Herz gegeben (Hesekiel 36,26).

Arsenio war nur ein kleiner Junge – ein kleiner, ausgestoßener, unscheinbarer Junge, der über die vielen Sünden Mosambiks geweint hat. Niemand schien ihn zu kennen, aber Jesus kannte ihn. Jesus sagte zu ihm: «Ich vergebe allen, die zu mir kommen.» Jetzt hat Arsenio Glauben für ein ganzes Volk, weil er das Angesicht Gottes gesehen hat.

Der Geist der Sohnschaft

> 31 Und er sagte zu ihm, «Mein Sohn, du bist allezeit bei mir und alles, was mein ist, das ist dein.»
>
> Lukas 15,31

Wenn wir wie ein Kind werden, werden wir Gott als unseren Vater kennenlernen und ihn sehen, wie er ist. Ich habe es mir zur Angewohnheit gemacht, unsere Kinderdörfer in Mosambik niemals «Waisenhäuser» zu nennen, denn die Kinder sind keine Waisen mehr. So heißt unser Zentrum in Pemba zum Beispiel «Dorf der Freude». Wir sehen die Kinder nicht mehr als Waisen, sondern als Kinder, die von ihrem himmlischen Vater angenommen wurden.

Einmal lag ich sieben Tage und Nächte lang in einer Gemeinde in Kanada unter der Kraft des Heiligen Geistes auf dem Boden. Während dieser Zeit las mir Rolland den Brief an die Epheser vor, und Gott gab mir gewaltige Offenbarungen über den Geist der Sohnschaft. Er sagte mir, dass ich jedes sterbende Kind, das er mir über den Weg laufen lässt, mit nach Hause nehmen soll.

Nachdem ich nunmehr vierzehn Jahre lang mit Kindern auf den Straßen und in den Dörfern Mosambiks gearbeitet habe, verstehe ich das Wesen des verwaisten Geistes langsam besser. Gott sucht nach geistlichen Vätern und Müttern, die wissen, wer sie in Christus sind und die in die Finsternis hinausgehen, um die verlorenen und verwaisten Kinder zu suchen und ihnen die Liebe des Vaters zu zeigen. Nur so werden die verlorenen Kinder zurück ins Haus des Vaters finden.

Ich habe Tausende von Waisen und ausgestoßenen Kindern aufgenommen. Dadurch habe ich viel über das Wesen des Vaterherzens Gottes gelernt. Was der Vater seinem Sohn in Lukas 15 sagt, gilt auch für uns: Alles, was Gott gehört, gehört auch uns. Wir sind seine Erben.

Gott hat uns durch Christus mit allem geistlichen Segen im Himmel gesegnet (Epheser 1,3). Wir wurden von ihm auserwählt und auserkoren. Durch das vollendete Werk am Kreuz haben wir vollen Zugang zum Himmelreich. Die Offenbarung dieser Realität ist ein Schlüssel, der uns im Glauben Zugang zu den himmlischen Reichtümern schenkt.

Ich glaube, dass nicht nur Arsenios reines Herz so unwiderstehlich für Gott war. Er hatte auch einen kindlichen Glauben. Er hat verstanden, was es heißt, den Geist der Sohnschaft empfangen zu haben und vom Heiligen Geist versiegelt zu sein. Er weiß, dass er ohne Angst vor Abweisung zu seinem Vater im Himmel eilen kann. Arsenio wird von uns über alles geliebt, wir haben ihn in unsere Familie aufgenommen und er weiß, was es bedeutet, von seinem himmlischen Vater angenommen zu sein.

So viele Menschen leben jedoch wie Waisen. Sie werden von einer Waisenmentalität bestimmt. Sie schrecken zurück, verstecken sich, schauen vorsichtig um die Ecke und glauben nicht, dass es auf dem Schoss des Vaters genug Platz für sie gibt.

Wenn wir Kinder von der Straße mit nach Hause nehmen, sind sie meistens kleine Ganoven, die voller Skabies und Läuse sind. Es sind richtige Halunken. Sie sind keine kleinen süßen Engelchen. Aber wir nehmen sie mit offenen Armen auf. Übers Wochenende nehmen Rolland und ich immer acht Neulinge zusammen mit acht Kindern, die schon länger bei uns sind, zu uns nach Hause. Am Anfang sind die Neuankömmlinge so schüchtern, dass sie sich nicht trauen, etwas zum Essen aus dem Kühlschrank zu nehmen. Sie denken entweder, dass sie sich diese Gunst erst verdienen oder dass sie die Sachen stehlen müssen. Aber die Kinder, die schon länger bei uns sind und begriffen haben, dass sie unsere Kinder sind, gehen einfach zum Kühlschrank und bedienen sich!

Die neuen Kinder verstehen noch nicht, dass sie bereits vor Grundlegung der Welt auserkoren wurden. Sie wurden vorherbestimmt, Gottes Kinder zu sein. Sie begreifen seine Gnade noch nicht und verstehen nicht, dass sie nach dem Wohlgefallen seines Willens dazu auserwählt sind, seine Söhne durch Jesus Christus zu sein (Epheser 1).

Sie sind immer noch von Angst getrieben, und oft stehlen sie oder denken, dass sie sich die Anerkennung erst verdienen müssen. Sie haben noch nicht verstanden, dass sie angenommen sind, dass sie in Gottes Familie aufgenommen und gewollt sind. Es ist so schön zu sehen, wenn sie den Geist der Sohnschaft empfangen. Dann verändern sie sich radikal und finden zutiefst Freude. Diese Erfahrung kann man sich aber nicht erarbeiten – es ist eine Gabe des Heiligen Geistes!

Der Geist der Sohnschaft ist die Offenbarung, dass wir von unserem himmlischen Vater auserwählt wurden. Mit dieser Auserwählung kommen auch Rechte als Söhne und Töchter. Ich möchte das an einem Beispiel illustrieren. Ich habe zwei leibliche Kinder: Elisha und Crystalyn. Ich habe sie mir nicht ausgesucht. Ich habe sie geboren, und sie sind absolut fantastisch! Sie sind Fleisch von meinem Fleisch und wirklich großartige Menschen. Sie machen mir Freude. Aber wenn wir Kinder annehmen, dann gehen wir auf die Straße und suchen sie – wir suchen sie uns aus. Genauso hat uns der Vater auch ausgesucht und erwählt. Wir sind gewollt und auserkoren!

Wenn der Vater Schritt für Schritt den verlassenen und verwaisten Geist der Kinder heilt, fangen sie an zu verstehen, dass auch ihnen das Reich Gottes gehört. Die Kinder, die einst von uns gestohlen haben, sind jetzt völlig verwandelt und leiten heute selbst neue Kinderdörfer. Sie brauchen sich nicht mehr zu verstecken oder im Schatten anderer zu wandeln. Ihre Herzen wurden von Gott gereinigt und sie haben Gottes Güte gesehen.

Wie aus einem Waisen ein Erbe wird

Ramadan ist ein anderes unserer mosambikanischen Kinder. Ganz am Anfang lief er wild umher und hat die Leute einfach gebissen und getreten. Er sah erbärmlich aus. Ramadan hatte in seiner frühen Kindheit viel Schmerz erfahren. Er wuchs in einer muslimischen Familie auf, aber beide Eltern starben. Es war so viel Scham und Traurigkeit in ihm, dass er niemandem in die Augen schauen konnte. Ramadan dachte auch nicht, dass er Zugang zu Rolland, zu mir oder zu unserer Familie hatte.

Wie einige andere Kinder verstand Ramandan auch nicht, was ein Kühlschrank war, denn er hatte noch nie zuvor einen gesehen. Er traute sich nicht einmal, überhaupt in die Nähe des Kühlschranks zu gehen, und er hatte auch noch nie im Leben eine Cola getrunken. Ich nahm Ramadan an die Hand und ging mit ihm zum Kühlschrank. «In diesem Kühlschrank ist eine Cola», sagte ich ihm. «Du kannst dir die Cola nehmen, wann immer du willst.» Dann nahm ich ihn, kuschelte ihn in eine Decke, wiegte ihn in meinen Armen und schaute ihm tief in die Augen.

Gott begann langsam, sein Herz zu verwandeln.

Wir verhalten uns alle ein bisschen so wie Ramandan, vor allem Gott gegenüber. Wir fragen uns oft: «Darf ich das wirklich? Darf ich wirklich die Tür aufmachen und von ihm trinken? Liebt er mich wirklich?» Aber mit der Zeit heilt Gott unsere verstoßenen und verwaisten Herzen.

Eines Tages ging Ramadan dann endlich zum Kühlschrank und nahm sich die Cola. Als er zum ersten Mal die Tür vom Kühlschrank öffnete und erkannte, dass er zur Familie gehörte, stieg Freude in seinem Herzen auf. Er strahlte über das ganze Gesicht. Er erkannte, dass er freien und uneingeschränkten Zugang zu unserem Haus hatte.

Alles, was im Hause Gottes ist, steht auch uns als seinen Söhnen und Töchtern zur Verfügung. Wir dürfen an seinem Frieden, seiner Freude, seiner Geduld, seiner Langmut, seiner Heilung und seiner Versorgung teilhaben. Wir dürfen seine Nähe suchen, und als seine Söhne und Töchter an den verborgenen Ort seines Herzens kommen.

Willkommen zu Hause

Viele von uns sind wie Ramadan. Wir haben Zugang zum Himmelreich, aber wir sind uns nicht sicher, ob der Vater uns sehen will. Manche fragen sich, ob Gott uns wirklich nahe ist und ob er uns wirklich hört. Andere denken, dass Gott sie nicht hört und ihnen auch nicht antworten will. Im ersten Johannesbrief lesen wir jedoch: «Wo die Liebe regiert, hat die Angst keinen Platz; Gottes vollkommene Liebe vertreibt jede Angst. Angst hat man nämlich dann, wenn man mit einer Strafe rechnen muss. Wer sich also noch fürchtet, bei dem ist die Liebe noch nicht zum vollen Durchbruch gekommen.» (1.Johannes 4,18, NGÜ)

Die meisten von uns stehen vor der Kühlschranktür und fragen sich, ob Gott ihnen auf die Finger schlägt, wenn sie sie öffnen und von dem Mahl des Vaters essen. Oder wir denken, dass Gott nicht genug Cola hat und sie für ganz besondere Kinder aufbewahren will – oder für eine andere Gelegenheit, wenn wir etwas Besonderes geleistet haben. Und so schleichen wir uns zaghaft wieder weg von Gott. Das ist ein verwaister Geist.

Waisen konkurrieren und vergleichen sich ständig miteinander. Sie denken immer, dass es nicht genug gibt. Wenn Gott einen anderen segnet, haben sie Angst, dass sie zu kurz kommen oder übergangen werden. Söhne und Töchter Gottes, die reinen Herzens sind, lassen den anderen den Vorrang, denn sie wissen, dass es immer genug im Hause des Vaters gibt.

Wenn Gott dich in seinem Haus willkommen heißt, wenn er dich von deinem verwaisten Geist heilt und befreit, dir den Geist der Sohnschaft schenkt, kannst du freimütig in seine Gegenwart kommen, denn der Vater hat gesagt: «Alles, was mein ist, ist auch dein» (Lukas 15,31). Der Vater liebt dich!

Die Waisenmentalität in der westlichen Welt

Wir wollen reinen Herzens sein. Wir wollen Gott sehen. Aber oft fallen wir in der westlichen Welt, in der Individualismus und Leistungsstreben herrscht, schnell wieder in die Falle der Waisenmentalität. Wir schauen uns um und denken, dass der Vater den anderen mehr liebt, weil mehr Segen auf dem Leben des anderen zu ruhen scheint. Dann schleichen sich Eifersucht, Gerangel, Konkurrenzkampf und Missgunst ein. Wir vergleichen uns und wetteifern miteinander, und schließlich kämpfen wir gegeneinander. Wir sehen Gott als einen harten Schulmeister, dessen Anerkennung auf unserer Leistung beruht.

Meine beiden leiblichen Kinder Elisha und Crystalyn sind von Grund auf verschieden. Man würde kaum denken, dass sie von denselben Eltern stammen. Ihre Gaben und Berufung sind völlig unterschiedlich, aber beide sind wundervoll und einzigartig. Wir lieben den einen nicht mehr als den anderen. Wir finden beide absolut genial, und beide erfreuen unser Herz. Wenn ich Christy anschaue, sage ich nicht, dass sie mehr wie Elisha sein soll. Wir fordern auch von Elisha nicht, dass er mehr wie Christy oder sonst irgendjemand sein soll. Sie gehören uns, und wir lieben sie so, wie sie sind!

Wir handeln oft wie Waisen, weil wir denken, dass Gott uns anders haben will – dass wir mehr wie diese oder jene Person sein sollten. Wenn wir einen großen Erweckungsprediger sehen, der in einem Stadion predigt, vergleichen wir uns mit ihm und denken oft, dass Gott ihn besonders liebt, weil er scheinbar mehr «leistet» oder «Frucht trägt». Aber wenn wir von dem Blut Jesu bedeckt sind, sind wir alle vollkommen und wunderbar vor Gott. Keiner seiner Kinder ist schöner oder besser als der andere, weil wir alle nach seinem Ebenbild geschaffen wurden.

Der Vater sieht uns nicht an und sagt: «Du hast erst zweiunddreißig Tage lang gefastet. Wenn du achtunddreißig Tage gefastet hast, gebe ich dir vielleicht Zugang zum Himmel. Ich werde dich nur lieben, wenn du mir mehr gleichst.» Aber oft denken wir das tief in unserem Herzen. Doch Gott hat uns bereits geliebt, als wir noch Sünder waren. Wir können uns nicht mehr von seiner Liebe verdienen, und wir können seine Liebe auch nicht verlieren. Als Söhne und Töchter können wir in dieser Gewissheit ruhen. Nur dann fangen wir an zu sehen, was der Vater für uns hat. Er ist unser Papa. Wir können ihn sehen, wie er ist. Er reinigt uns mit seiner Gnade!

Er liebt dich nicht nur – er mag dich auch

Ich würde meinen Kindern niemals sagen, dass ich erst mit ihnen rede, wenn sie drei Wochen lang nichts gegessen haben. Fasten ist kein Mittel, um mehr von Gottes Gunst zu bekommen. Wir fasten, damit wir hungriger nach ihm werden, nicht um ihn zu etwas zu überreden.

Meine Kinder haben immer Zugang zu mir. Sie sind zu jeder Zeit willkommen. Meine mosambikanischen Kinder kommen am Wochenende oft bei uns vorbei und essen alles in Sichtweite. Das Gleiche gilt auch für das Haus des Vaters. Gott hat zugesagt, dass wir erwählt, vorherbestimmt, seinem Bilde gleich gemacht und für seinen Plan auserkoren sind. Wir sind Gefäße, die zu ehrenvollen Zwecken geschaffen sind.

Wenn wir erkennen, dass wir geliebt sind, lassen wir alles weltliche Streben los, das uns so leicht gefangen nimmt. Seine Liebe reinigt uns. Je reiner wir werden, desto mehr sehen wir ihn, und umso weniger halten wir an weltlichen Dingen fest.

Jesus wusste, dass er alles tun konnte, was er den Vater tun sah. Das Gleiche gilt auch für uns als seine Söhne und Töchter auf Erden. Jesus hat uns verheißen, dass wir sogar noch größere Werke tun werden als er.

Er steht wie ein stolzer Vater im Himmel und ruft uns zu: «Du bist in meinem Haus willkommen! Alles, was mein ist, ist dein. Sieh mich so, wie ich bin – ich bin dein himmlischer Vater!»

Im Himmelreich leben

Wie fangen wir nun an, Jesus zu sehen? Zuerst müssen wir uns von der Waisenmentalität lösen und auch die Identität des Knechts oder Dieners ablegen. Menschen mit einem verwaisten Geist fallen schnell in ein Leistungsstreben. Das ist der Geist der Knechtschaft – wir versuchen, die Liebe Gottes zu verdienen, indem wir ihm «dienen». Aber wir müssen die falschen Identitäten ablegen und den Geist der Sohnschaft annehmen. Wenn wir in die Identität als Söhne und Töchter hineinwachsen und erkennen, wie sehr sich der Vater an uns freut, wird unser Leben völlig verwandelt. Aus dem Überfluss dieser Offenbarung heraus werden wir in das Haus des Vaters eilen und anfangen, im Himmelreich zu leben.

Wir müssen glauben, dass wir im Hause des Vaters willkommen sind. Alles, was Jesus für uns am Kreuz erkauft hat, wartet auf dich. Du musst nicht warten, bis du stirbst, um den Himmel zu erleben. Du kannst ihn schon hier auf Erden kosten. Wir sind dazu berufen, in der Fülle dessen zu leben, was unser Herr mit jedem Tropfen Blut erkauft hat. Fange jetzt schon an, dich daran zu laben. Wahre Reichtümer sind in seiner Gegenwart. Du bist dazu berufen, dich an Jesus zu ergötzen und zu stärken. Du bist ein Sohn, eine Tochter des Allerhöchsten!

Zum Nachdenken

Selig sind, die reinen Herzens sind, denn sie werden Gott schauen.

Mutter Teresa wurde oft gefragt, wie sie Tag für Tag den vielen überwältigenden Nöten entgegentrat. Sie sagte:

> Mein Geheimnis ist ganz einfach: ich bete. Durch das Gebet werde ich eins mit Christus in der Liebe.[4]
>
> Gebet bedeutet nicht bitten. Gebet bedeutet, sich in die Hände Gottes zu begeben, sich ihm ganz zur Verfügung zu stellen und in der Tiefe unseres Herzens auf ihn zu hören.[5]

Ein anderes Mal hat Mutter Teresa diese Frage so beantwortet:

> Bete gerne ... Das Gebet erweitert das Herz, bis es Gottes Geschenk seiner selbst bergen kann. Bitte und suche, und dein Herz wird so groß werden, dass es ihn selbst als dein Eigentum aufnehmen kann.[6]

Selig sind die Friedfertigen 7

Wir wissen nur zu gut, dass unsere Arbeit nur wie ein Tropfen im Ozean ist. Aber wenn der Tropfen nicht da wäre, würde dem Ozean etwas fehlen.[1]

Mutter Theresa

Was ist mit «die Friedfertigen» gemeint? Die Friedfertigen sind die Barmherzigkeit Gottes in einer sündigen Welt. Sie verkörpern Gottes Güte und schenken sie denen, die es nicht verdienen.

Freut euch

> 11 Selig seid ihr, wenn man euch um meinetwillen schmäht und
> verfolgt und euch lügnerisch alles Böse nachredet! 12 Freut
> euch darüber und jubelt, denn euer Lohn ist groß im Himmel!
> Ebenso hat man ja auch die Propheten vor euch verfolgt.
>
> Matthäus 5,11–12

Als ich darüber nachdachte, was es bedeutet friedfertig zu sein, musste ich an die Zeit denken, als wir um unserer Arbeit willen verfolgt wurden und auf starken Widerstand von Seiten der Regierung stießen. Damals lebten wir noch im Süden Mosambiks. 1996 und 1997 erreichte die Verfolgung ihren Höhepunkt. Die Regierung veröffentlichte sieben verleumderische Lügen über uns und brachte alle möglichen Beschuldigungen gegen uns vor.

Die Regierung befürchtete, dass wir Rebellen waren, die die Regierung stürzen wollten. Das weiße Südafrika und die Vereinigten Staaten hatten große Opposition gegenüber der neuen, freien Regierung geschürt. Von daher waren ihre Bedenken uns gegenüber ein Stück weit nachvollziehbar. Hinzu kam, dass sowohl die Regierung als auch andere Kirchengemeinden in der Gegend uns nahegelegt hatten, nur mit gebildeten Kindern zu arbeiten und nicht mit Ganoven und Dieben von der Straße. Sie sagten, dass diese Kinder es nie zu etwas bringen würden und jegliche Investition in sie Zeitverschwendung wäre. Wir blieben jedoch bei unserem Entschluss, die Kinder aufzunehmen, die am meisten verwahrlost und verachtet waren.

Eines Tages kamen Regierungsbeamte unvermittelt auf unser Gelände und gaben uns eine Frist von achtundvierzig Stunden, das Kinderzentrum komplett zu räumen. Ich erinnere mich noch genau daran, wie ich die Kinder in dieser scheinbar hoffnungslosen Situation anschaute. Ich sagte ihnen, dass sie beten, vergeben und mit den Regierungsbeamten Frieden schließen sollten.

Wir hatten nur noch wenige Ressourcen, und unsere Mitarbeiter waren erschöpft. Wir waren so arm, dass wir jeden Tag für ein Wunder beten mussten, um die 320 Kinder, die wir bei uns hatten, mit Essen zu versorgen. Jeden Tag gingen wir zur leeren Vorratskammer, standen da, beteten und sangen zum Herrn. Jeden Abend kamen Regierungsbeamte und konfiszierten das wenige Essen, das wir noch hatten. Unsere Mitarbeiterzahl war aufgrund des massiven Widerstands drastisch geschrumpft.

Eines Tages, als wir in unserer Vorratskammer bis auf Ketchup und Kräutertee nichts mehr hatten, wusste ich nicht mehr, was ich noch tun sollte. Ich schlug vor, den Kindern etwas Ketchup auf Holzstöckchen zu schmieren, so dass sie wenigstens etwas zu lecken hatten und ihr Magen nicht ganz leer blieb. Aber der Herr leitete uns an, eine Anbetungszeit zu haben.

An dem Tag ging ich in die Vorratskammer und nahm einige Mitarbeiter mit, von denen ich wusste, dass sie in dieser Situation trotzdem auf Gott vertrauten und Glauben hatten. Zusammen beteten wir Gott an, den Umständen zum Trotz. In der Gegenwart Gottes wurde ich völlig ergriffen, und ich betete ihn an, bis ich keine leeren Vorratskammern mehr sah. Ich betete Gott an, bis die Nöte in den Hintergrund traten. Ich konnte nur noch daran denken, was für ein Vorrecht es war, mein Leben um der Liebe willen zu geben. Nach Stunden der Anbetung schloss ich die leere Vorratskammer ab, ohne dass Essen in Sicht war.

Wenige Stunden später fuhr ein Lieferwagen auf unser Grundstück. Er hatte von der Stadt bis zu uns siebenundzwanzig Kilometer auf einer von Schlaglöchern übersäten Straße zurückgelegt. Ich weiß gar nicht, wie der Lieferwagen es überhaupt ohne Vierradantrieb durch die Schlammmassen zu uns geschafft hatte. Es war Regenzeit, in der sich die ungeteerten Straßen in rutschigen Schlamm verwandeln. Die Fahrer fragten, ob ich Mama Aida sei. Als ich das bejahte, sagten sie zu meiner großen Überraschung, dass das Essen in ihrem Lieferwagen für mich bestimmt war.

Der Lieferwagen war mit Maismehl, Reis, Bohnen und Zucker vollgepackt! Die Männer luden alles ab. Ich wusste nicht, wer sie waren oder woher sie kamen. Es waren Mosambikaner, die ich danach nie wieder gesehen habe. Sie kehrten auch nie wieder auf unser Gelände zurück. Sie waren wie getarnte Engel. Gott hatte wieder einmal ein gewaltiges Wunder für uns getan! Unsere Kinder begannen zu singen und zu tanzen und dankten Gott für seine Versorgung.

Wir denken zwar nicht in erster Linie an Segen, wenn wir Verfolgung erleiden, aber man kann wirklich gesegnet sein, wenn man verfolgt wird, denn die Schrift verheißt, dass unser Lohn groß ist. Der Segen fällt dann auf uns, wenn wir uns entscheiden, mitten im Kampf friedfertig zu sein. Wir sprachen Frieden über die aus, die gegen uns kämpfen wollten. Wir entschieden uns, Frieden zu halten. Wenn wir Gott mitten in der Not und in Schwierigkeiten preisen, werden wir niemals verlieren. Jesus hat immer den Sieg. Selbst wenn wir für ihn sterben, siegt er. Und in seinem Sieg haben auch wir den Sieg.

Auf der Flucht

Eines Nachts mussten wir dann doch das Gelände räumen und die Flucht ergreifen, denn man hatte ein Kopfgeld auf mich ausgesetzt – jedoch nicht auf mein Leben, sondern auf meinen Tod. Die Regierung hatte einen Hinrichtungsbefehl erteilt. Um zwei Uhr nachts lud Rolland unsere beiden Kinder Elisha und Crystalyn und so viele der mosambikanischen Kinder, wie hineinpassten, in unsere beiden Wagen. Wir fuhren durch die Dunkelheit zu unserem kleinen Büro in Maputo. Zwei meiner Mitarbeiterinnen, Rachel aus Großbritannien und Alison aus Australien, hielten heldenhaft die Stellung vor Ort und beteten für unsere Sicherheit.

Die ganze Nacht über betete auch ich, dass Gott unsere Mitarbeiter und Kinder beschützt, die wir zurücklassen mussten. Ich wusste nicht, was ich tun oder wohin ich mich in Sicherheit bringen sollte. Wir sprachen Frieden über unsere Verfolger aus und baten Gott, ihnen seine Liebe zu offenbaren.

Am nächsten Morgen kamen die Regierungsbeamten, konfiszierten das Zentrum und bedrohten die Kinder, die dort geblieben waren. Sie befahlen den Kindern, den Gesang und die Anbetung sofort einzustellen. Aber unsere Kinder hörten nicht auf ihre Drohungen. Sie trotzten ihnen, sangen und tanzten weiter und beteten Jesus an.

Das brachte die atheistischen Regierungsbeamten zur Weißglut. Sie warfen mit Steinen auf unsere Kinder und riefen zornig: «Hört gut zu, ihr Kinder! Wenn ihr etwas zu Essen wollt, dann haltet ihr jetzt sofort den Mund! Ihr hört sofort mit eurer Anbetung auf. Wenn ihr Gott anbetet, werdet ihr verhungern! Wir sind bereit, das Kinderzentrum weiterzuführen und euch Essen zu geben, wenn ihr aufhört, Gott anzubeten. Gott existiert nicht. Wenn ihr eure Bibel lest, wenn ihr betet, dann werdet ihr verhungern!»

Dankbarkeit in jeder Situation

Die Kinder sahen sie an und sangen nur noch um so lauter. Kein einziges Kind beugte sich dem Befehl. Als die Regierungsbeamten sahen, dass sie keinen Erfolg hatten, versuchten sie es mit einer anderen Taktik. Sie versprachen den Kindern ein Zuhause, Essen und Schulbildung, wenn sie ihren Glauben verleumden und in diesem Zentrum unter ihrer Führung bleiben würden.

Trotz der Versuchung blieb nicht ein einziges Kind im Zentrum. Sie reagierten im entgegengesetzten Geist. Die Kinder sprachen Frieden über die Verfolger aus. Sie wussten, dass sie wahre Söhne und Töchter Gottes waren und dass ihr himmlischer Vater für sie sorgen würde. Sie verließen alle das Zentrum und legten siebenundzwanzig Kilometer auf dem schlammigen Weg zu Fuß zurück – die meisten von ihnen barfuß. Wir hörten sie Anbetungslieder in ihrer Stammessprache Shangaan singen, als sie zu unserem kleinen Büro in Maputo kamen.

Keiner von uns wusste, was wir tun sollten.

Unser kleines Büro war vollgestopft mit Kindern. Ihre Füße bluteten, ihre Herzen waren traumatisiert, man hatte sie verspottet und gesagt, dass Gott nicht existiert. Aber sie waren Friedfertige! Sie wussten, dass Gott ihr Vater war. Sie überwanden durch die Liebe des Vaters, die niemals versagt. Auch wenn es sie ihr Leben gekostet hätte, hätten sie niemals aufgehört, ihren Jesus anzubeten! Das hier waren keine bekannten Gemeindeleiter. Sie waren Kinder ohne Schuhe, die geschlagen und verfolgt wurden, aber die sich weigerten, das Evangelium zu verleugnen. Man hatte sie verspottet und gesagt, dass sie Straßenkinder seien – Kinder ohne Verstand, ohne Wert und ohne Zukunft und Hoffnung in dieser Welt. Doch diese Kinder boten den drohenden Regierungsbeamten die Stirn und wandelten in Frieden!

Unsere Kinder entgegneten dem Bösen mit Barmherzigkeit. Dem Hass begegneten sie mit der Güte Jesu. Der Verfolgung entgegneten sie mit Frieden. Sie schlugen nicht zurück, sondern zeigten, was es bedeutet, Friedfertige zu sein. Sie sind wahrhaftig Söhne und Töchter Gottes.

Liebe ist immer genug

Ich war jedoch wütend. Ich verstand nicht, warum Gott uns 320 Kinder gab und dann zuließ, dass sie geschlagen und wieder obdachlos wurden. Vom Verstand her wusste ich, dass Gott der Vater ist und die Kinder liebt, aber tief im Herzen verstand ich nicht, wie ich angesichts all dieses Unrechts friedfertig sein konnte.

Ich schaute die Kinder an und suchte nach Worten, die ihnen Hoffnung bringen würden. Seit dem Tag, seit dem sie bei uns waren, hatten wir die Kinder gelehrt, dass unsere Liebe keine Grenzen hat. Wir müssen bedingungslos und ohne Vorbehalt lieben.

Einer meiner Freunde namens Manessa war Soldat im Bürgerkrieg gewesen. Er wollte mich schützen. Eines Tages, als 20-Dollar-Kopfgeld auf meinen Tod ausgesetzt worden waren, kam er zu mir und sagte, dass ich mir keine Sorgen machen brauchte. Er würde mich beschützen. Er erklärte mir, dass er ein Maschinengewehr und Handgranaten unter seinem Bett hatte. «Ich werde sie alle für dich töten», sagte er. Manessa dachte, dass ich erleichtert sein würde, aber ich antwortete: «Nein, wir sind hier, um zu lieben und um Frieden zu bringen.»

So entschied ich mich, am helllichten Tage zurück zu unserem Kinderzentrum zu gehen. Ich wusste, dass mein Leben auf dem Spiel stand, aber ich wollte zu unseren Freunden im Dorf gehen und über Liebe und Vergebung sprechen. Ich sagte ihnen: «Ich will, dass ihr die liebt, die uns töten wollen. Ich will, dass ihr sie bedingungslos und ohne Rückhalt liebt. Ich will, dass ihr Frieden mit ihnen schließt.»

Meine Botschaft wird sich nie verändern, denn die Liebe ist das einzige, was ich zu geben habe. Wir waren in einer Situation, in der unsere Liebe geprüft wurde.

Wir hätten unsere Sachen packen und nach Amerika gehen können, um der Verfolgung und den Gefahren zu entkommen. Wir hätten auch zur internationalen Presse gehen und unseren Fall an die Öffentlichkeit bringen können. Aber wir hörten immer wieder, wie der Herr uns dazu aufforderte, zu lieben und zu vergeben. Rolland druckte Bibelverse aus und klebte sie überall an die Wände in unserem Büro, um mich zu ermutigen. Ich fürchtete, dass dies mein Ende war. Ich hatte nächtelang nicht geschlafen und tagelang nichts mehr gegessen. Unsere Herzen waren zerbrochen. Wir brauchten ein Wunder vom Himmel.

Als Antwort auf unser Gebet schenkte Gott uns das erste Wunder der Essensvermehrung, das ich erlebt habe. Er brachte eine Frau aus Texas, die damals in Maputo lebte, zu unserem Büro. Sie hatte einen Topf mit Chili und Reis für unsere Familie gekocht.

Sie dachte an vier Personen: Elisha, Christy, Rolland und mich. Als ich die Tür öffnete und sie die hundert Kinder draußen im Garten sah, war sie völlig sprachlos. Ich erklärte ihr, dass ich eine große Familie habe. Sie weinte jedoch und sagte, dass sie nur Chili für vier gekocht hatte. Sie wollte sofort wieder nach Hause gehen, und mehr kochen, aber ich sagte ihr, dass sie sich keine Sorgen machen und einfach für das Essen beten sollte. Sie sah mich ungläubig an, stimmte aber dann doch zögernd ein kurzes Gebet an: «Gott, segne das Essen. Amen!»

Ich bin mir nicht so sicher, ob ich mich in dem Augenblick wie eine Friedfertige fühlte, aber ich wusste immer noch, dass ich eine Tochter des himmlischen Vaters war. Ich war viel zu hungrig und müde, um mir bewusst zu sein, was ich da gerade tat. Ich sagte den Kindern einfach, dass das Abendessen da sei und sie sich auf eine Grasmatte auf den Boden setzen und Jesus danken sollten.

Ich wusste nicht, dass Gott sogar Plastikteller vermehrt. Wir hatten nur einen kleinen Stapel Plastikteller in unserem Büro, aber als wir das Essen auf die Teller schöpften, hatten wir plötzlich genug Teller. Eine unserer mosambikanischen Töchter namens Rabia und unsere Mitarbeiterin Maria halfen uns, den Reis und das Chili auf die Teller zu schöpfen und unter den Kindern zu verteilen. Ich sagte ihnen, sie sollen die Teller voll machen, da die Kinder sehr hungrig waren. Und jedes Kind bekam zu essen und war satt! Zum ersten Mal in meinem Leben sah ich, dass es immer genug gibt. Gott sorgte in unserer großen Not tatsächlich für seine Kinder.

Nichts ist unmöglich

Als wir diese Verfolgung erlebten, beteten wir täglich für unsere Verfolger, die ein Kopfgeld auf mein Leben ausgesetzt hatten. Gott erhörte unsere Gebete! Inzwischen haben wir drei Grundschulen in Maputo errichtet. Jahre später, als sie die hohen Abschlussquoten und Noten der Kinder unserer Schulen sahen, kamen die Regierungsbeamten und beteuerten ihre Reue. Sie kamen, weil unsere Kinder die besten Testergebnisse im Lande erzielt hatten. Mit Tränen in den Augen baten sie um Vergebung, dass sie unsere Gebäude konfisziert hatten. Unsere Kinder hatten sich entschieden, friedfertig zu sein und nun empfingen sie einen großen Lohn.

Das zeigte sich auch vor kurzem, als wir hörten, dass zwei unserer Kinder von Iris Ministries einen Studienplatz an einer der renommiertesten Universitäten in Mosambik bekommen hatten. Es gibt nur sehr wenige Universitäten in Mosambik und deshalb ist der Kampf um Studienplätze groß. Zwölftausend junge Leute hatten sich um zwei Studienplätze an der besagten Universität beworben. Beide Studienplätze wurden an unsere Kinder vergeben. Wir glauben fest daran, dass unsere Kinder die zukünftigen Leiter Mosambiks sein werden, denn sie haben gelernt zu vergeben und in Liebe zu reagieren.

Im entgegengesetzten Geist handeln

Auch wenn unsere Kinder vor ihren Unterdrückern fliehen mussten, segnete Gott sie mitten in der Verfolgung. Gott segnet uns, auch wenn es nicht den Anschein hat und unser Leben nicht dem weltlichen Modell von Erfolg entspricht. Wenn wir dem Schmerz mit Liebe begegnen, dem Unrecht mit Vergebung, der Qual mit Trost und dem Kampf mit Frieden, dann verkörpern wir das Herz Gottes. Friedfertig zu sein bedeutet, im entgegengesetzten Geist zu handeln und nicht nach weltlichen Maßstäben zu handeln.

Der geistliche Kampf in Mosambik ist immer noch sehr intensiv. In all den Jahren haben wir gesehen, dass die Früchte des Geistes unsere wichtigsten Waffen im geistlichen Kampf sind. Rolland erinnert mich immer wieder daran, dass Gottes Plan unübertrefflich ist. Die Seligpreisungen sind Gottes Plan, sein Reich aufzurichten und seinen Willen auf Erden auszuführen. Sein Plan kann nicht verbessert werden. Sein Reich ist der Sitz der Gerechtigkeit und Vollkommenheit, und er wird sein Vorhaben auf Erden ausführen.

Die richtige Perspektive

> Geht hin, esst fette Speisen und trinkt süße Getränke und lasst auch denen, für die nichts zubereitet ist, Anteile zukommen, denn der Tag ist unserm Herrn heilig! Darum seid nicht niedergeschlagen, denn die Freude am HERRN ist eure Stärke.
>
> Nehemia 8,10

Gottes Freude ist unsere Stärke. Das müssen wir uns immer vor Augen führen, ganz besonders dann, wenn sich der Kampf zuspitzt. Die vergangenen achtzehn Monate sind bei weitem die schlimmsten und schwierigsten meines Lebens gewesen. Freunde und Babys sind gestorben, das Land wurde wieder von Flutwellen heimgesucht, überall herrschten Epidemien, und wir erlebten emotionale Traumata, große finanzielle Nöte, Morddrohungen, Verleumdungen und Verrat. Je schwieriger und härter der Kampf wird, umso zäher und beständiger werden wir jedoch. Im Kampf lernen wir, unsere Augen auf den Siegespreis zur richten: Jesus Christus. Es lohnt sich alles für ihn!

In Anfechtungen und Versuchungen wird der Feind jedes nur erdenkliche Mittel einsetzen, um unseren Blick auf unsere Probleme zu lenken. Wir dürfen ihnen jedoch keine Aufmerksamkeit schenken, sondern müssen unseren Blick ganz auf Jesus richten. Wir dürfen uns nicht von der einfachen, reinen Hingabe an unseren Herrn ablenken lassen. Nur dann werden wir vorankommen und nur dann ist die Freude am Herrn unsere Stärke.

Wenn wir den niedrigen Weg einschlagen, werden wir niemals verlieren. Wenn wir im entgegengesetzten Geist handeln und den Krieg mit Liebe bekämpfen, den Hass mit Vergebung und das Böse mit Gutem, dann werden wir immer siegen. Jesus zu folgen bedeutet, in seine Fußstapfen zu treten. Ein deutlicher Abdruck seiner Fußstapfen sind die Seligpreisungen. Sie führen über den Weg von Trauer, Sanftmut, Barmherzigkeit, Demut, Hunger, Durst und Frieden hin zur wahren Freude und echtem Segen. Gottes verheißt uns, dass er uns alles zum Guten wirken lässt, wenn wir nach seinem Ratschluss handeln!

> Selig sind die Friedfertigen, denn sie werden Söhne Gottes heißen... (Matthäus 5, 9).

Warum werden die Friedfertigen als Söhne Gottes auf Erden bezeichnet? In Einheit mit seinem Sohn führen wir das Werk der Versöhnung durch die Kraft des Heiligen Geistes weiter. Die Geschichte und Wende unserer Verfolgung zeigt, was geschieht, wenn wir die Perspektive des Vaters einnehmen und wie seine Söhne auf Erden wandeln. Gott belohnte unseren Glauben, und heute haben wir ein Grundstück in Pemba, das siebenmal so groß ist wie das Grundstück, das wir 1997 verloren haben. Mittlerweile haben wir sehr gute Beziehungen zur Regierung, und die Regierungsbeamten, die uns damals verfolgt hatten, haben uns gedankt, dass wir Mosambik nicht verlassen, sondern unsere Arbeit weitergeführt haben.

Das beste Weihnachtsgeschenk

Zu einem anderen Zeitpunkt tobte ein ähnlicher Kampf – diesmal nicht vonseiten der Regierung, sondern skeptischer Akademiker, die an unserem Dienst und den Wundern, die wir erleben, zweifelten. Es war der erste Weihnachtstag. Ich saß draußen auf einer Grasmatte bei etwa 45 Grad Hitze und schaute auf Hunderte mosambikanischer Kinder.

Wir hatten alle Kinder von der Straße und der Müllhalde eingeladen und Jesus hatte mir am Morgen gesagt: «Schau jedem einzelnen Kind in die Augen und segne es, jedes einzelne.»

Ich hörte auf meinen Erlöser und schaute jedem einzelnen Kind in die Augen. Um mich herum standen die Mädchen, die vormals ihren Körper verkauft hatten. Ich war umgeben von Ganoven und Schurken, von verlassenen, vergessenen und einsamen Kindern.

Ich war so glücklich, dass ich ihnen unsere Geschenke überreichen konnte, die unsere Mitarbeiter für sie vorbereitet hatten. Nach und nach strömten Kinder, Teenager und Jugendliche von der Straße zu unserem Fest. Sie alle sollten ein Geschenk bekommen. Ein Team von Freiwilligen aus den USA und Argentinien half uns. Unter ihnen war eine Psychologin aus Amerika. Sie war die Leiterin des psychologischen Gesundheitswesens eines ganzen US-Staates. Sie fand es lächerlich, dass wir versuchen wollten, allen Kindern ein Geschenk zu geben. Sie sah, dass wir nur ein paar Taschen mit Spielzeug hatten und dass diese niemals für alle Kinder reichen würden. Sie dachte wohl, dass ich selbst etwas gestört war!

Ich erklärte ihr jedoch, dass ich absichtlich erst den Kindern Geschenke geben wollte, die noch nie zuvor ein Geschenk bekommen hatten. Und so fingen wir an, die Geschenke auszuteilen. Das machte mich bei unseren eigenen Kindern allerdings sehr unbeliebt, denn all die Geschenke, die unsere Mitarbeiter gesammelt hatten, gingen zuerst an die Straßenkinder, während unsere Kinder zusahen. Einige der Jugendlichen von der Straße waren sogar betrunken und provozierten uns. Aber wir teilten weiter aus, und unsere eigenen Kinder warteten ab und sahen zu.

Dann kamen wir zu unseren eigenen Kindern, angefangen beim Jüngsten bis hin zu den Älteren. Als die älteren Mädchen kamen, informierte mich meine Helferin, dass wir nur noch ein paar Taschen mit Stofftieren hatten. Wir hatten also nur noch Stoffhunde übrig.

Ich schaute unseren Mädchen in die Augen und fragte: «Was wünscht ihr euch?»

«Glasperlen» antworteten sie.

«Sie möchten Perlen», sagte ich zu meiner Helferin.

Aber sie versicherte mir, dass in den Taschen nur noch Stoffhunde waren.

«Schau einfach noch mal nach», sagte ich ihr. Ich hatte sie bereits an den Rand der Verzweiflung gebracht, aber sie griff noch einmal in die Tasche, wo sich die alten Stofftiere befanden. Dann rief sie plötzlich: «Perlen! In der Tasche sind Perlen!!» Sie konnte es nicht glauben. Die anderen Mitarbeiter und Besucher hüpften und jauchzten vor Freude. All unsere Mädchen bekamen schöne, farbige Perlen zu Weihnachten.

Gott ist wirklich Gott, und er ist viel besser als der Weihnachtsmann. Ich erinnere mich noch, als ich meinen Doktor in systematischer Theologie am Kings College in London machte. Während eines Seminars kommentierte einer der bekannten Theologen herablassend, dass einige gutgläubige charismatische Christen sogar um Parkplätze beten. Er strich sich über den Bart und sagte: «Gott ist doch kein Weihnachtsmann!»

Richtig. Jesus ist viel besser als der Weihnachtsmann! Jesus hat Wasser in Wein verwandelt, und Gott verwandelt auch heute noch durch seinen Geist der Sohnschaft kleine verwaiste Herzen in Söhne und Töchter des Königs. Die freiwilligen Helfer an jenem Weihnachtstag flogen nach Amerika und Argentinien zurück, um unter den Armen in ihrer Stadt zu arbeiten. Unsere Kinder im Kinderzentrum waren friedfertig geblieben, auch als sie befürchten mussten, keine Geschenke mehr zu bekommen – aber sie wurden überreich gesegnet.

Friedfertig sind die, die wie Franz von Assisi von Herzen beten:

Herr, mache mich zu einem Werkzeug deines Friedens,
dass ich Liebe übe, wo man sich hasst,
dass ich verzeihe, wo man sich beleidigt,
dass ich verbinde, wo Streit ist,
dass ich Hoffnung erwecke, wo die Verzweiflung quält,
dass ich ein Licht anzünde, wo die Finsternis regiert,
dass ich Freude bringe, wo der Kummer wohnt.
Ach Herr, lass du mich trachten, nicht dass ich getröstet werde,
sondern dass ich tröste,
nicht dass ich verstanden werde, sondern dass ich verstehe,
nicht dass ich geliebt werde, sondern dass ich liebe.
Denn wer da hingibt, der empfängt,
wer sich nicht selbst sucht, der findet,
wer verzeiht, dem wird verziehen,
und wer stirbt, der erwacht zum ewigen Leben.
Amen.[2]

Franz von Assisi

Zum Nachdenken

Selig sind die Friedfertigen, denn sie werden Söhne Gottes heißen.

Gegen Ende ihres Lebens dachte Mutter Teresa über ihre Berufung nach. Folgendes Zitat beantwortet die Frage, was unsere Berufung ist und wovon sie abhängt.

> Die Arbeit, die wir tun, ist nichts anderes, als die Liebe Christi in konkretes Handeln umzusetzen. Ich brauchte Jesus nicht zu finden. Er hat mich gefunden und auserwählt. Eine starke Berufung basiert darauf, wie stark wir von Christus ergriffen sind, wie viel Besitz er von uns hat. Er ist das Leben, das ich leben will. Er ist das Licht, das ich ausstrahlen will. Er ist die Liebe, mit der ich lieben will. Er ist die Freude, an der ich Anteil haben will. Er ist der Friede, den ich säen will. Jesus ist alles für mich. Ohne ihn kann ich nichts tun.

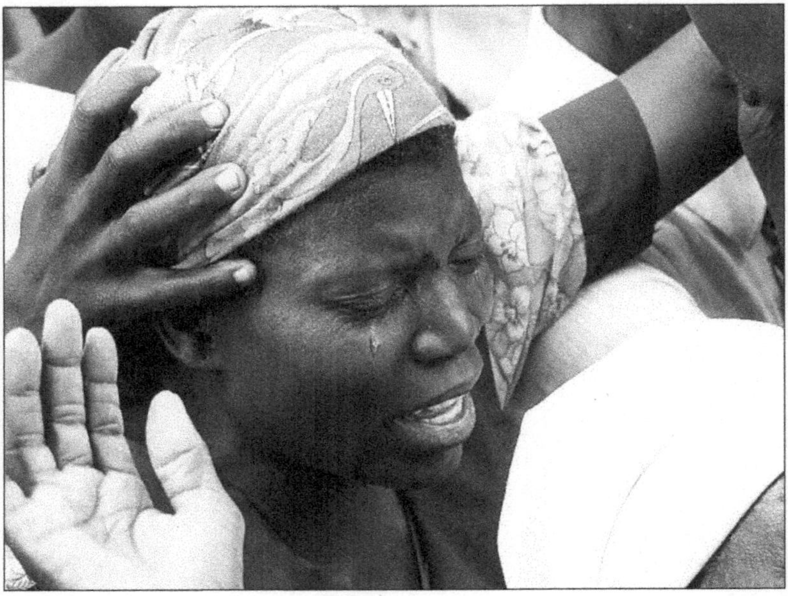

Selig sind, die um der Gerechtigkeit willen Verfolgung erleiden

8

Gott fordert nicht von mir, erfolgreich zu sein, sondern treu zu sein. Wenn wir vor Gott stehen, zählen nicht unsere Resultate, sondern unsere Treue. [1]

Mutter Teresa

Den Menschen in den reichen Ländern der Welt erscheint es ein Paradox, dass es inmitten von Verfolgung Segen geben soll. Wie kann man angesichts von Verfolgung gesegnet sein, das heißt geistlich gedeihen und voller Freude sein? Wie kann das die Realität inmitten von Leid und Schmerz sein? Wir finden die Antwort im Kolosserbrief: Christus in uns ist die Hoffnung auf die Herrlichkeit (Kolosser 1,27). Christus in uns ist unsere Freude, unabhängig von unseren äußeren Umständen, denn er ist uns bereits vorausgegangen.

In den Gemeinden der reichen Länder der Welt ergreifen wir am liebsten die Flucht, wenn es um das Thema Verfolgung geht. Wir wollen nichts von Verfolgung wissen und verdrängen diese Realität gern. Die Verfolgung an sich ist kein Segen, aber der Segen kann durch die Verfolgung fließen. Der Segen fließt uns zu, wenn wir für unsere Verfolger beten, dass sie die rettende Liebe Jesu kennenlernen. Wenn wir an der Gemeinschaft der Leiden Christi teilhaben, sind wir wahrhaftig gesegnete Menschen – egal wie die äußeren Umstände aussehen. Wir sehen das an den verfolgten Gemeinden in China, Afrika, Asien und Südamerika, deren Stimme aller Verfolgung zum Trotz stets lauter wird und deren Leidenschaft für Jesus nicht ausgelöscht werden kann. Zwei Drittel der Welt leben in Armut und großer Bedrängnis. Aber auch im Westen müssen wir uns der Frage stellen, wie wir es lernen können, inmitten von Leid und Schmerz Gottes Segen zu empfangen.

Echter Schmerz, aber Schmuck für Asche

Gott verheißt, dass er alle Tränen von unseren Augen abwischen wird: «...und er wird alle Tränen aus ihren Augen abwischen, und der Tod wird nicht mehr sein, und keine Trauer, kein Klaggeschrei und kein Schmerz wird mehr sein; denn das Erste ist vergangen» (Offenbarung 21,4). Vielleicht kennen viele nicht den konkreten Schmerz, um ihres Glaubens willen verfolgt zu werden. Andere werden jedoch geschlagen, misshandelt, vergewaltigt, überfallen und erleben große Bedrängnis auf Erden. Diesen Menschen verheißt Gott, dass er die Haare auf ihrem Haupt gezählt hat (Matthäus 10,30) und ihren Kummer stillen wird. Dieser Schmerz ist für unseren Vater im Himmel sehr real.

Aber auch wir haben Schmerz erlebt. Bei der Verfolgung denken wir meistens an körperliches Leid wie Gefängnis oder Misshandlung. Es gibt jedoch einen noch größeren Schmerz: den Schmerz der Ablehnung durch die, die man liebt. Wie können wir nun unsere Asche gegen Gottes Schmuck eintauschen? Wie leben wir Gottes Liebe inmitten von Ablehnung und Verschmähung aus? Wie können wir trotz aller Umstände voller Freude sein, auch wenn alles um uns herum zerfällt? Wir müssen den Blick auf Jesus richten. Jesus hat jedem Menschen seine grenzenlose und bedingungslose Liebe entgegengebracht, egal wie groß der Schmerz der Ablehnung ist. Weil er den größten Schmerz kennt, kann Jesus sich mit allem identifizieren, was uns widerfährt:

14 Da wir nun einen großen Hohepriester haben, der durch
die Himmel hindurchgegangen ist, Jesus, den Sohn Gottes,
so wollen wir am Bekenntnis zu ihm festhalten. 15 Wir haben
ja nicht einen Hohepriester, der nicht Mitgefühl mit unsern
Schwachheiten haben könnte, sondern einen solchen, der in
allen Stücken auf gleiche Weise wie wir versucht worden ist,
nur ohne Sünde. 16 So wollen wir denn mit freudiger Zuver-
sicht zum Thron der Gnade hinzutreten, um Barmherzigkeit
zu empfangen und Gnade zu finden so dass wir Hilfe zu rech-
ter Zeit finden.

Hebräer 4,14–16

Jesus kannte Verfolgung wie kein anderer: «Er war der Allerverachtetste und Unwerteste, voller Schmerzen und Krankheit. Er war so verachtet, dass man das Angesicht vor ihm verbarg; darum haben wir ihn für nichts geachtet. Fürwahr, er trug unsere Krankheit und lud auf sich unsre Schmerzen» (Jesaja 53,3–4, Luther). Wie kein anderer wurde Jesus missverstanden, sogar von den eigenen Eltern. Als Jesus in sein Eigentum kam und die Seinen ihn nicht aufnahmen (Johannes 1,11), hat Jesus bedingungslos seine Liebe gegenüber denen gezeigt, die ihn immer wieder abgelehnt haben. Wenn wir den Blick auf Jesus richten, in inniger Gemeinschaft mit ihm leben und erkennen, dass wir an der Gemeinschaft seiner Leiden teilhaben, können wir unsere Asche gegen Gottes Schmuck eintauschen. Wenn wir an der Gemeinschaft seiner Leiden teilhaben, werden wir auch an der Kraft seiner Auferstehung teilhaben (Philipper 3,10).

Leben – nicht nur sterben – für Jesus

Jeder Augenblick und jede Situation in unserem Leben ist eine Einladung Gottes, für ihn zu leben. Was geschieht jedoch, wenn wir die Geduld verlieren, die Wut in uns aufsteigt und wir das Unrecht vergelten wollen, das uns widerfährt? Wenn wir nicht in seiner Liebe bleiben, verlieren wir den Segen.

Wir sind dazu berufen, die zu lieben, die uns verfolgen. Es geht nicht nur darum, für Jesus zu sterben. Es geht darum, jeden Tag für ihn zu leben, täglich unser Leben, unsere Wünsche und unsere Rechte niederzulegen, damit andere leben können. Es geht um die kleinen Dinge. Es geht darum, den anderen zu ehren – ob ich nun mit ihm übereinstimme oder nicht. Es bedeutet, den Bibelausleger zu ehren, der eine andere theologische Meinung vertritt. Es bedeutet, dem anderen den Vorrang zu geben, damit die anderen Jesus in uns sehen.

Aber können wir denn wirklich in jeder Situation voller Freude sein? Wie können wir unser Herz schützen, wenn uns jemand übel nachredet, der uns nahe steht? Können wir trotzdem Gottes Freude haben, wenn die Regierung uns verfolgt? Egal was uns den Frieden rauben will, wir dürfen uns nicht durch äußere Umstände ablenken lassen. Wir müssen den Blick auf Jesus und sein Wort richten. Gott lädt uns in jeder Situation ein, seinen Segen zu empfangen und an seiner Freude festzuhalten.

Meine Reise nach Mexiko

In dem Augenblick, als ich Jesus begegnete, war ich völlig überwältigt. Mein Leben gehörte nicht mehr mir. Wenn man ihn einmal gesehen hat, gibt es kein Zurück mehr. Ich habe seine Augen gesehen und es gibt kein Zurück mehr für mich. Wenn wir sterben, dann sterben wir für ihn. Wenn wir leben, dann leben wir für ihn!

Mit sechzehn hatte ich eine gewaltige Vision, in der Jesus mir begegnete. Ich war so von seiner Liebe ergriffen, dass ich sofort auf die Straße ging, für Menschen betete und das Evangelium verkündigte. Ich stellte mich in der Schlange am Flughafen an und wartete im Glauben, dass Gott mir ein Flugticket geben würde. Manchmal bekam ich Geld von Leuten für ein Ticket, nachdem ich meine Taschen gepackt und unterwegs zum Flughafen war. Andere Male bekam ich Geld für Tickets, wenn ich in der Reihe vor dem Flugschalter stand oder unterwegs zum Flughafen bei Freunden vorbeischaute. Ich sagte niemandem, was ich brauchte, aber Gott hat mich immer versorgt. Gott sandte mich als Teenager zu den Slums, um dort das Evangelium zu verkünden. Mein

Leben fällt etwas aus der Reihe und ist sicherlich kein Standardbeispiel für ein Handbuch für Missionare!

Einmal sandte mich Gott mit einem Team der Vanguard Universität in Südkalifornien nach Mexiko-Stadt, um dort den Armen zu dienen. Wir führten Straßentheater unter den Armen auf, als unser Team unerwartet von der Polizei verhaftet wurde. Man schrie auf uns ein, aber Gott sagte mir deutlich, dass ich mich meinen Verfolgern nicht widersetzen oder negativ reagieren sollte. Trotzdem warf man uns ins Gefängnis.

Wir beteten Gott an und dankten ihm. Unsere Gastgemeinde fastete und betete für uns. Wir wussten, dass Gott uns beistand, aber die Polizei verhöhnte und verspottete uns weiterhin. Doch plötzlich wendete sich alles.

Einer meiner Freunde, der 1,90 Meter groß ist, machte spontan einen Handstand und begann auf den Händen zu laufen. Als die Polizisten sahen, wie sich dieser Riese zum Clown verwandelte, krümmten sie sich vor Lachen. Kurz danach ließen uns die amüsierten Wachen einfach frei.

Wenn wir in Sanftmut und Güte wandeln, werden wir gesegnet, auch wenn wir uns nicht gesegnet fühlen. Hätten wir zurückgeschrien oder uns der Polizei widersetzt, hätten wir die Chance verspielt, in Liebe zu wandeln. Wir müssen Jesus in jeder Situation bitten, uns zu zeigen, wie wir ihn richtig repräsentieren können. In der Gefängniszelle in Mexiko-Stadt lernte ich, an der Freude am Herrn festzuhalten, denn die Freude am Herrn ist unsere Stärke (Nehemia 8,10). Wenn wir uns für die Freude entscheiden und nicht für die Vergeltung, bricht das Reich Gottes in den ungewöhnlichsten Situationen und Umständen herein.

Die Liebe versagt nie. Wenn wir uns entscheiden, unseren Verfolgern mit Liebe zu begegnen, dann leben wir die Liebe, die in 1. Korinther 13 beschrieben wird: «Die Liebe ist langmütig und freundlich; die Liebe ist frei von Eifersucht, die Liebe prahlt nicht, sie bläht sich nicht auf, sie ist nicht rücksichtslos, sie sucht nicht den eigenen Vorteil, lässt sich nicht erbittern, trägt es nicht nach; sie freut sich nicht über die Ungerechtigkeit, freut sich vielmehr mit der Wahrheit; sie deckt alles zu, sie glaubt alles, sie hofft alles, sie erduldet alles» (V. 4–7).

Von der Liebe Gottes ergriffen

Wenn wir in der Liebe bleiben, egal was es kostet, dann verkünden wir das Evangelium. Manchmal finden Menschen erst dann zum Glauben, wenn sie das Zeugnis Jesu in schwierigen Situationen und im Umgang mit dem Widerstand gesehen haben.

Ich verbreite das Evangelium gern in den Dörfern und auf der Straße unter Alkoholikern, psychisch Kranken, Armen, Ausgestoßenen und Verlassenen. Oft brechen viele dieser Menschen in Wut aus, weil ihr Leben so voller Schmerz ist.

Jane war eine dieser Menschen. Ich begegnete ihr in London auf der Straße. Sie war so wütend, dass sie praktisch jeden hasste, vor allem aber Männer. Als sie sechzehn Jahre alt war, fiel sie einer Bandenvergewaltigung zum Opfer. Über ein Jahr lang war sie im Krankenhaus. Sie hatte einen Beckenbruch, bei dem es viele Komplikationen gab. Sie hatte keine Freunde und keine Familie. Sie war von Hass zerfressen und von Dämonen gepeinigt, aber ich spürte Gottes Liebe für Jane.

Als ich Jane auf der Straße kennenlernte, war sie Ende zwanzig. Ihr Haar war sehr kurz und sie trug dunkle Männerschuhe und schwarze Anzüge, die ihr viel zu groß waren. Es dauerte eine Weile, bis ich erkannte, dass sie eine Frau war. Sie hatte eine strenge, unruhige Ausstrahlung und war voller Zorn. Sie konnte keine Minute lang still stehen.

In London traf ich auch Peter. Mehrere Jahre lang ging ich fast jeden Tag zu Peter und brachte ihm Essen. Er schrie mich jedoch immer an, verfluchte mich und sagte, dass ich weggehen sollte. Das tat er zweieinhalb Jahre lang. Jedes Mal, wenn er mich verfluchte, dachte ich jedoch nur daran, wie sehr dieser Mann Gottes Liebe, Güte und Gnade brauchte.

Ich blieb hartnäckig und brachte Peter belegte Brote und andere Lebensmittel. Ich weigerte mich aufzugeben. Jesus ist hartnäckig: Er hört niemals auf, uns zu lieben und er hört niemals auf zu geben. Ich versicherte Peter immer wieder, dass Jesus ihn liebt und dass ich es auch tue. Manchmal nahm Peter das Essen an. Andere Male spuckte er mich an und warf das Essen auf die

Straße. Aber Gottes Herz gibt nicht auf, und seine radikale Liebe verwandelt das härteste Herz.

Eines Abends war Jane so wütend, dass sich mich umbringen wollte. Sie sagte, sie würde mir die Kehle aufschlitzen und mich in die Themse werfen. Sie hielt eine zerbrochene Flasche in der Hand, mit der sie mich attackieren wollte. Als sie mir an die Kehle ging und versuchte, mich zu würgen, konnte ich jedoch nur den Schmerz und das Leid in ihrer Seele spüren. Ich spürte Gottes Herz für sie. Ich erwiderte nur: «Gott liebt dich! Du bist wertvoll, du bist dazu geschaffen, seine Liebe zu kennen!» Aber das machte sie noch rasender!

Peter hatte die ganze Szene beobachtet, und als er sah, wie sie auf mich einschlug, rief er mir zu, dass er die Polizei rufen würde. Ich antwortete jedoch, dass er das nicht tun sollte. Jane war schon so oft im Gefängnis gewesen und ich wollte nicht, dass sie noch mehr erlitt. Ich wollte, dass sie die Liebe Jesu erkennt. Das verstand Peter natürlich nicht. Er war erbost über mich und fluchte laut.

Jane hielt die zerbrochene Flasche und schrie, dass sie mein Gesicht aufschlitzen würde. Ich sagte jedoch erneut, wie wertvoll sie war und dass ich sie liebte. Dann konnte ich nur noch beten: «Gott, was auch immer jetzt passiert, ich will, dass deine Liebe siegt! Ich will, dass deine Liebe sichtbar wird.» Ich war völlig erschöpft. Ich konnte diesen Schmerz nicht mehr ertragen. Ich wusste nicht mehr, was ich noch tun sollte und sagte einfach zu Jane: «Wenn du mich umbringen willst, dann tu es einfach!»

Genau in dem Augenblick kam Peter und rettete mich aus der Situation. Er befreite mich aus Janes Griff und begann zu schluchzen. Er sagte: «Zwei Jahre lang hast du mir erzählt, dass Jesus mich liebt. Jetzt habe ich seine Liebe gesehen und ich will ihn haben! Ich will ihn jetzt, sofort, hier haben. Du hast mir von der Liebe erzählt, aber heute habe ich die Liebe gesehen!» An jenem Abend fiel Peter auf die Knie und gab Jesus sein Leben. Ich umarmte ihn und dankte ihm, dass er mein Leben gerettet hatte.

Wenn wir unser Leben um der Liebe willen geben, dann geben wir unser Leben hin. Wir können nicht nur mit Worten lieben. Die Liebe muss in Wahrheit und in unserem Handeln sichtbar werden.

Eine Woche später kam Jane mit einem Rosenstrauß zu meinem Haus und sagte mir, dass es ihr leid tat, dass sie mich umbringen wollte. An jenem Tag gab auch sie Jesus ihr Leben.

Gottes Perspektive einnehmen

Viele Menschen sehen die Fehler in anderen, anstatt das Ebenbild Gottes in ihnen zu sehen. Wir müssen den Blickwinkel der Gnade einnehmen und einander aus Gottes Perspektive sehen. Wenn wir einem Menschen sehen, müssen wir über die dunkle Vergangenheit hinaus schauen. Wir müssen durch das Blut Jesu in das Herz eines jeden Einzelnen schauen. Wir müssen ihn mit Gottes Augen sehen.

Jesus verweigert niemandem seine Barmherzigkeit und Güte. Er ruft uns dazu auf, siebzigmal siebenmal zu vergeben, denn die Liebe «erträgt alles, sie glaubt alles, sie hofft alles, sie duldet alles» (1. Korinther 13,7). Sein Blut genügt!

Jesus kann jeden Widerstand umkehren und zu seiner Herrlichkeit gebrauchen. Vor kurzem versuchten einige Unruhestifter in der Regierung wieder einmal, uns unser Grundstück in Pemba wegzunehmen und uns aus dem Land auszuweisen. Sie beschimpften uns, verbreiteten negative Gerüchte und publizierten verleumderische Lügen auf der Titelseite der Zeitungen über uns. Sie behaupteten, dass wir gegen die Regierung seien und sie strahlten negative Propaganda gegen uns im Fernsehen aus.

Die Lügen und Gerüchte säten Zweifel unter den Regierungsleitern, die daraufhin das Justizministerium beauftragten, eine Untersuchung gegen uns vorzunehmen. Der Pressesprecher jener politischen Partei weigerte sich, auch nur eine der Behauptungen gegen uns in dem über uns veröffentlichten Artikel zurückzunehmen. Wir wollten mit den Vertretern der Regierung sprechen, aber sie verweigerten jegliches Gespräch und drohten sogar, noch weitere negative Berichte über uns zu veröffentlichen.

Das Einzige, was ich tun konnte, war Gott vertrauen.. Ich las sein Wort. Ich musste glauben, dass Gott den Sieg herbeiführt, auch wenn wir verleumdet und verfolgt werden und auch wenn alle möglichen Lügen über uns verbreitet werden. Wir beteten Gott an, bis seine Herrlichkeit über uns kam und wir wieder neu mit seiner Liebe erfüllt wurden.

Am nächsten Tag gingen wir zurück zum Regierungsgebäude. Zu unserer Überraschung standen an jenem Tag keine Wachen vor dem Gebäude. Ich hatte Pastor José bei mir, der unaufhörlich in Zungen betete. Ich sagte: «Das ist unsere Chance! Gehen wir hinein!!» Er warnte mich jedoch und erinnerte mich daran, wie gefährlich das war. Aber ich ging zielstrebig an den Sicherheitszonen vorbei, wo Gott alle Wachen für uns entfernt hatte! Wir stiegen die Treppe hinauf und gingen direkt auf das Zimmer des Pressesprechers zu. Ich stürmte in den Raum und erklärte ihm, dass ich nicht gehen würde, bis ich mit ihm oder einem der Regierungsleiter gesprochen hatte. Zu diesem Zeitpunkt hyperventilierte José fast schon!

Nachdem uns der Mann etwa 40 Minuten warten ließ, kam er zurück und hörte uns zu. Ich erklärte ihm, dass wir hier waren, um die Regierung zu segnen. Ich sagte: «Ich bin nur eine einfache Frau, die die Liebe Gottes an die Menschen weitergeben will. Vielleicht gelingt mir das nicht immer, aber ich liebe dieses Land und ich würde mein Leben für Mosambik geben.» Wir sprachen etwa eine Stunde lang mit ihm, in der ich von meinem Herzen her mit ihm reden konnte.

Nach knapp einer Stunde sagte er: «Mein Herz war verschlossen, weil ich davon überzeugt war, dass ihr Konterrevolutionäre seid, die die Regierung stürzen wollen. Es tut mir leid – ich werde einen neuen Artikel über euch veröffentlichen. Ich werde mit dem Präsidenten reden und wir werden unsere Aussagen widerrufen.»

Gott hatte den Widerstand in seine Herrlichkeit verwandelt! Kurz darauf durften unsere Kinder während eines Kulturfestes vor dem Präsidenten Tänze vorführen und Lieder singen. Sie strahlten die Herrlichkeit des Herrn aus. Ihre Gesichter verkündeten, dass sie durch das Blut des Lammes gerettet worden waren!

Wie im Himmel so auf Erden

Wir haben vollen Zugriff auf alles, was Jesus durch sein Blut für uns erkauft hat. Wenn wir das erkennen, werden wir im Glauben neues Territorium einnehmen. Jedes Mal, wenn wir in ein Dorf gehen, das noch nie etwas von Jesus gehört hat, sagen wir den Dorfbewohnern kühn, dass sie uns alle Tauben bringen sollen. Wir wissen, dass uns der Vater Zugang zum Erbe seines Sohnes verheißt. Deshalb gehen wir im Glauben vorwärts. Wir legen den Tauben die Hände auf und ihr Gehör wird geheilt. Die Kinder gehen uns im Glauben voran und leiten die Gebete. Wir erleben viele Wunder, und so kommen ganze Dörfer zum Glauben an Jesus.

Wenn wir die Gesetzmäßigkeiten des Reiches Gottes verstehen, werden wir das Risiko eingehen. Wir brauchen uns nicht zu fragen, ob Gott durchbrechen wird. Wir brauchen ihn auch nicht darum zu bitten, etwas zu tun. Söhne und Töchter können mit Zuversicht wandeln, denn wir wissen, dass wir Miterben Christi sind. Wir wissen, dass wir Zugriff zu allem haben, was Jesus gehört.

Wenn wir erkennen, dass wir Miterben Christi sind und in dieser Realität leben, dann lernen wir, alles Leid als Freude zu erachten. Jesus hat uns gesagt, dass wir Leid nicht fürchten oder uns davor scheuen sollen. Wenn wir an den Leiden Christi teilhaben, können wir auch an der Kraft seiner Auferstehung teilhaben. (Philipper 3,10–11). Aufgrund dessen, was Jesus für uns getan hat, haben wir das Recht, auf Erden zu regieren.

Wenn wir ins Gefängnis geworfen werden, wissen wir, dass uns der Vater niemals verlassen wird. Wenn uns übel nachgeredet und Lügen über uns verbreitet werden, wissen wir, dass der Vater uns schützt. Wenn wir gesteinigt werden, werden wir Gottes Arme um uns herum spüren. Wenn wir krank sind, wird er uns heilen. Gott ist immer gut, zu jeder Zeit!

Der Lohn unserer Leiden: Die Ernte

Seitdem wir zum ersten Mal verfolgt wurden, hat Jesus uns ein Volk gegeben und uns beauftragt, ihm seine Liebe zu zeigen. Seit der Zeit, als wir zuerst sein Angesicht gesehen haben, kommt ein

Volk zu Jesus. Viele hingegebene Anbeter sind dem Ruf gefolgt, die Ernte einzubringen.

Wir müssen ihn in seiner Herrlichkeit, seiner Gnade, seinem Glanz und seiner Liebe sehen. Dann werden wir ihn in den Armen und in den Geringsten sehen. Vor zwölf Jahren hatten wir erst vier Gemeinden gegründet, und auch die waren nicht sehr gefestigt. Doch ein Jahrzehnt später, nachdem wir starke Verfolgung erlitten haben, können wir die vielen tausend Gemeinden gar nicht mehr zählen, weil sich die Erweckung wie ein Buschfeuer in Afrika ausbreitet.

Ich glaube, dass wir so viel von Gott haben können, wie wir wollen. Wir können jedoch keine Erweckung produzieren. Aber Gott kann es. Es gibt kein Zurück mehr, egal was es kostet, egal wie stark die Verfolgung ist. Wir verstehen, was Paulus meinte, als er sagte: «Ich halte nämlich dafür, dass die Leiden der Jetztzeit nicht wert sind, verglichen zu werden mit der Herrlichkeit, die an uns geoffenbart werden soll» (Römer 8,18).

Strategie für die Erweckung

> 37 Da sagte er zu seinen Jüngern: «Die Ernte ist groß, aber die Zahl der Arbeiter ist klein; 38 bittet daher den Herrn der Ernte, dass er Arbeiter auf sein Erntefeld sende!»
>
> Matthäus 9,37–38

Die Seligpreisungen sind Gottes Strategie für die Erweckung. Wenn wir eins mit unserem Bräutigam-König werden, verkörpern wir Jesus in einer verlorenen und sterbenden Welt. Er ist unser Vorbild. Wenn wir Jesus nachahmen, werden die Menschen ihn sehen, wenn sie auf uns schauen.

Gott hatte einen Plan, als er seinen Sohn vom Himmel auf die Erde sandte, um uns zu retten. Jetzt, wo die Ernte reif ist, ruft Gott eine neue Generation von hingegebenen Anbetern hervor, die sich senden lassen und in die finstersten Ecken der Erde hinausziehen, um seine Braut zum Hochzeitsfest zu rufen.

Wir glauben, dass Gott eine Generation hervorruft, die sich ihm ganz hingibt, die so wandelt, wie er auf Erden wandelte und die die Anweisungen der Bergpredigt in ihrem Lebensstil verkörpert. Wir sind dazu berufen, seine Herrlichkeit zu tragen. Aber bevor ein ganzes Volk zu Jesus kommen kann, müssen wir zuerst zu seinen Füßen sitzen. Wenn wir lernen, vor seinem Angesicht zu sein, dann ist es egal, wie groß das Leid, die Trauer, der Schmerz und die Verfolgung ist. Wir werden das Land ererben und den Himmel auf Erden sehen!

Die Seligpreisungen sind unsere Strategie für die Erweckung. Sie sind ein Porträt von Jesus. Wenn wir so leben, wie Jesus lebt, dann werden wir wahrhaftig gesegnet sein und sein Reich auf Erden mit Macht und Herrlichkeit hereinbrechen sehen.

Zum Nachdenken

Selig sind, die um der Gerechtigkeit willen Verfolgung erleiden, denn ihnen wird das Himmelreich zuteil.

Ich bin das Gefäß, von Gott entworfen, und Gott ist durstig.[2]
Dag Hammarskjöld

Ich kenne dich durch und durch – Ich weiß alles über dich. Ich habe selbst die Haare auf deinem Haupt gezählt. Nichts in deinem Leben entgeht meiner Aufmerksamkeit. Nichts ist unwichtig für mich. Ich bin dir durch die Jahre hindurch gefolgt und habe dich immer geliebt – auch in deinen Verirrungen.

Ich kenne jedes deiner Probleme. Ich kenne deine Sorgen und deine Nöte. Und ja, ich kenne auch all deine Sünden. Aber ich versichere dir erneut, dass ich dich liebe – nicht aufgrund dessen, was du getan oder nicht getan hast. Ich liebe dich um deiner selbst willen, um der Herrlichkeit und der Würde willen, die mein Vater dir gegeben hat, als er dich in seinem Ebenbild schuf.

Es ist eine Würde, die du oft vergessen hast, eine Herrlichkeit, die du durch die Sünde getrübt hast. Aber ich liebe dich so, wie du bist, und ich habe mein Blut vergossen, um dich zurückzugewinnen. Wenn du mich nur im Glauben bittest, wird meine Gnade alles in deinem Leben berühren, was der Veränderung bedarf. Ich werde dir die Kraft geben, dich von der Sünde und ihrer zerstörerischen Macht zu lösen.

Ich weiß, was in deinem Herzen ist. Ich kenne deine Einsamkeit und all deinen Schmerz – alle Ablehnung, Verurteilung und Demütigung. Das habe ich vor dir schon alles getragen. Und ich habe es für dich getragen, damit du an meiner Kraft und meinem Sieg teilhaben kannst. Ich kenne deinen Schrei nach Liebe – wie sehr du danach dürstest, geliebt und geschätzt zu sein. Aber wie oft wurde dein Durst nicht gestillt, wie oft hast du selbst versucht, ihn zu stillen, wie oft hast du selbst versucht, die Leere in dir mit weltlichen Freuden zu füllen – und dann bist du mit noch größerem Schmerz gestrandet. Dürstest es dich nach Liebe? «Kommt zu mir, all die ihr dürstet» (Johannes 7,37). Ich werde deinen Durst stillen. Dürstest es dich danach, geschätzt zu werden? Ich schätze dich mehr, als du dir vorstellen kannst – so sehr, dass ich mein Leben für dich am Kreuz gab.

Es dürstet mich nach dir. Nur auf diese Art kann ich überhaupt erst beginnen, meine Liebe zu dir zu beschreiben. Es dürstet mich nach dir. Es dürstet mich danach, dich zu lieben und von dir geliebt zu werden. So wertvoll bist du für mich. Komm zu mir, und ich werde die Leere in deinem Herzen füllen und deine Wunden heilen.

Auch wenn du dich in den Augen anderer unwichtig fühlst, ist das nicht wichtig. Für mich gibt es niemand Wichtigeren auf der Welt als dich. Es dürstet mich nach dir. Öffne dich mir, komm zu mir, dürste nach mir, gib mir dein Leben – und ich werde dir zeigen, wie wichtig du für mich bist.

Egal, wie weit du von mir wegwanderst, wie sehr du dich verirrst, egal, wie oft du mich vergisst oder wie groß dein Schmerz ist – ich möchte, dass du eins nie vergisst: es dürstet mich nach dir. Du brauchst dich nicht erst zu verändern, bevor du meiner Liebe glauben kannst, denn es sind mein Glaube und meine Liebe, die dich verändern. Du vergisst mich, ich aber suche dich jeden Augenblick – ich stehe an der Tür deines Herzens und klopfe.

Fällt es dir schwer, das zu glauben? Dann schau auf das Kreuz. Schau auf mein Herz, das für dich durchbohrt wurde. Hast du mein Kreuz noch nicht verstanden? Dann höre erneut die Worte, die ich dort sprach, denn sie sagen ganz deutlich, warum ich all das für dich ertrug: «Mich dürstet» (Johannes 19,28). Ja, es dürstet mich nach dir – doch wie der Rest des Psalms sagt, den ich am Kreuz betete: «Ich suchte nach Liebe, aber ich fand keine» (Psalm 69,21).

Dein ganzes Leben lang habe ich nach deiner Liebe gesucht – niemals habe ich aufgehört, dich zu lieben und mich nach deiner Liebe zu sehnen. In deiner Suche nach dem Glück hast du vieles andere ausprobiert – warum versuchst du nicht einmal, mir dein Herz zu öffnen? Jetzt, hier – mehr als du es jemals zuvor getan hast.

Wann immer du auch die Tür deines Herzens öffnest, wann immer du dich mir nahst, wirst du meine Stimme immer wieder hören – nicht mit menschlichen Worten, sondern im Geist: «Egal, was du getan hast. Ich liebe dich um deiner selbst willen.» Komm mit deinem Kummer und deiner Schuld zu mir, mit deinen Sorgen und Nöten und mit all deiner Sehnsucht nach Liebe. Ich stehe an der Tür deines Herzens und klopfe … Öffne mir, denn es dürstet mich nach dir.[3]

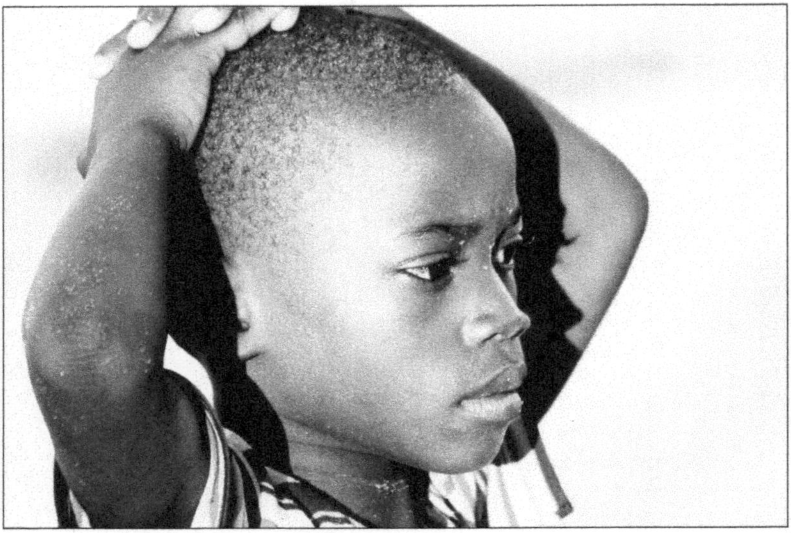

Epilog

Dieselbe Gesinnung wohne in euch allen, wie sie auch in Christus Jesus vorhanden war; denn obgleich er Gottes Gestalt besaß, sah er doch das Gleichsein mit Gott nicht als einen gewaltsam festzuhaltenden Besitz an; nein, er entäußerte sich selbst seiner Herrlichkeit, indem er Knechtsgestalt annahm, ganz in menschliches Wesen einging und in seiner leiblichen Beschaffenheit als ein Mensch erfunden wurde; er erniedrigte sich selbst und wurde gehorsam bis zum Tode, ja, bis zum Tode am Kreuz.

Daher hat Gott ihn auch über die Maßen erhöht und ihm den Namen verliehen, der jedem anderen Namen überlegen ist, damit im Namen Jesu sich jedes Knie aller derer beuge, die im Himmel und auf der Erde und unter der Erde sind, und jede Zunge bekenne, dass Jesus Christus der Herr ist, zur Ehre Gottes, des Vaters.

Philipper 2,5–11

Als ich sechzehn Jahre alt war, erschien mir Jesus in einer Vision. Ein helles Licht umgab mich, und Jesus sprach in einer hörbaren Stimme zu mir. Er sagte mir, dass er mein Bräutigam ist und ich seine Braut. Öl rann über meinen Arm und ich spürte, wie er meinen linken Ringfinger küsste. Er sagte: «Du wirst im vollzeitlichen Dienst sein und als Missionarin nach Afrika, Asien und England gehen.» Als sich die Gegenwart Gottes, die wie ein schweres Gewicht auf mir lag, lichtete, war ich allein in der Kirche. Ich stand dort nahezu drei Stunden lang bewegungslos mit erhobenen Händen.

An jenem Tag rief mich Gott zu den Armen. Genau da berief Jesus mich zu einem Leben in inniger Liebe und Gemeinschaft mit ihm. Unglaubliche Freude überwältigte mich. Ich befand mich gerade als Austauschschülerin in einem Indianerreservat, und am nächsten Tag begann ich sofort, auf der Straße das Evangelium zu verkünden. Seit jener Zeit habe ich nicht mehr aufgehört, über ihn zu sprechen und ein Leben als Gesandte zu leben.

Jesus war der Gesandte schlechthin. Gott war selbst in einer Mission unterwegs, als er seinen Sohn vom Himmel auf die Erde sandte, um uns zu retten. Er entäußerte sich und ließ um der Liebe willen alle Reichtümer des Himmels zurück. Er ist unser Vorbild.

Gefangene der Liebe

Wie Jesus haben auch wir nur ein Ziel: zu lieben. Unsere Mission ist die Leidenschaft und die Barmherzigkeit. Wir sind dazu berufen, Gott und den Nächsten zu lieben.

Alles, was Jesus tat, floss aus seiner hingebungsvollen Liebe zum Vater. Voller Barmherzigkeit und Erbarmen rührte er den Leprakranken an, tröstete die weinende Frau und brach ein Tabu, als er mit der Samariterin am Brunnen saß und mit der Prostituierten sprach:

> 36 Beim Anblick der Volksscharen aber erfasste ihn tiefes Mit-
> leid mit ihnen, denn sie waren abgehetzt und verwahrlost wie
> Schafe, die keinen Hirten haben. 37 Da sagte er zu seinen Jün-
> gern: «Die Ernte ist groß, aber die Zahl der Arbeiter ist klein;
> 38 bittet daher den Herrn der Ernte, dass er Arbeiter auf sein
> Erntefeld sende!»
>
> Matthäus 9,36–38

Geistlicher Dienst bedeutet, einer dieser Gesandten zu sein. Ein Gesandter ist ein Arbeiter der Liebe. Wenn sich geistlicher Dienst nicht um Barmherzigkeit und Leidenschaft dreht, dann sollte er besser absterben.

In Jesus selbst zeigte uns Gott, wie er unter uns wohnen will. Die Liebe selbst wandelte auf Erden. Wir müssen unseren Blick auf Jesus richten, der das vollkommene Vorbild für unseren Dienst ist.

Liebe lernen

Nach unserer Betrachtung der Seligpreisungen müssen wir uns fragen, was Jesus tat, bevor er seine berühmte Predigt auf dem Berg gehalten hat. Er hat das Reich Gottes erst vorgelebt, bevor er es verkündete. Er heilte die Kranken und befreite die Menschen, die von Dämonen geplagt waren. Er veranschaulichte das Reich Gottes, ehe er es predigte.

Wenn wir sterben und vor Gott treten, wird er von uns dasselbe erwarten, was er auch von seinem Sohn erwartet hat. Er wird nur eine Frage stellen: Hast du gelernt zu lieben?

Mutter Teresas Meditationen berühren mich sehr. Sie bringen genau diesen Gedanken zum Ausdruck:

> Die Liebe ist bedeutungslos, wenn sie nicht weitergegeben wird. Die Liebe muss in konkretes Handeln umgesetzt werden. Wir müssen lieben, ohne etwas zurückzuerwarten. Handle um der Liebe willen, und nicht, um etwas für dich selbst zu gewinnen.

> Die Liebe, die in konkretes Handeln umgesetzt wird, setzt die Gnade frei. Wir wurden für Größeres geschaffen ... zu lieben und geliebt zu werden. Die Liebe bedeutet, einen Menschen bedingungslos und vorbehaltlos zu lieben. Kleine Dinge, die mit großer Liebe getan werden, bringen Freude und Frieden. Um zu lieben, müssen wir geben. Um zu geben, müssen wir frei von Selbstsucht sein.

Wir sind dazu geschaffen, die Liebe Jesu denen zu bringen, die in Not sind. Seine Liebe ist grenzenlos, aber sie muss immer konkret werden.

Gott hat nicht gesagt, dass die Armen immer gut, nett, dankbar und freundlich sind, aber er hat gesagt, dass wir dazu berufen sind, sie zu lieben.

Das Evangelium in seiner Schlichtheit

Gott hat uns zur Schlichtheit der Liebe berufen. Ich bin nicht zum Erfolg berufen oder zu dem, was andere als Größe bezeichnen. Meine einzige Berufung ist die Liebe – zu lieben und mehr zu lieben. Die Seligpreisungen lehren uns, dass die wahre Liebe uns alles kosten kann. Wir können verletzt werden, aber gleichzeitig erfüllt uns die Liebe mit Freude.

Ich bitte Jesus immer, mir mehr Mut zu geben, unbegrenzt und uneingeschränkt zu lieben. Gott hat seine Braut dazu berufen, der Träger seiner Liebe zu sein. Um das tun zu können, müssen wir das Leben der Hingabe, des Opfers, des Gebets und der Liebe vertiefen. Die wahre Liebe ist selbstlos.

Der geistliche Dienst dreht sich um die Liebe. In Philipper 2 schreibt Paulus, der nach Jesus der größte Gesandte war: «Wenn nun eine in Christus ausgesprochene Ermahnung, wenn ein liebevoller Zuspruch, wenn eine Gemeinschaft des Geistes, wenn inniges Mitgefühl und Erbarmen etwas gelten, so macht meine Freude dadurch vollkommen, dass ihr eines Sinnes seid, indem ihr die gleiche Liebe hegt und einmütig dem gleichen Ziel zustrebt» (V. 1–2). Paulus ermahnt uns, dieselbe Herzenseinstellung, Motivation und Liebe wie Christus zu haben. Die Liebe ist sanft. Die Liebe ist voller Barmherzigkeit. Folgten wir diesem Aufruf und lebten gemäß diesen Worten, würde das Christentum eine völlig neue Gestalt annehmen.

Die Liebe wird dich alles kosten. Sie bedeutet, dein Leben niederzulegen, ein Leben voller Leidenschaft und Barmherzigkeit zu führen, vorbehaltlos zu geben, nichts zurückzuerwarten. Sie bedeutet, Gottes Herzschlag zu spüren, sich seinem Rhythmus anzugleichen und dem Lamm zu folgen, wohin es uns führt – bis ans Ende der Erde.

Aber warum sollten wir bis ans Ende der Erde gehen, wenn wir nichts zu geben haben? Die einzige Währung, die jede Kultur heilen kann, ist die Liebe, die niemals aufgibt. Wenn wir im Dienst stehen wollen, müssen wir wandeln wie Jesus, reden wie Jesus und sein wie Jesus. Nur wenn wir einer zerbrochenen Welt in Liebe dienen, können wir sie erreichen.

Deine Aufgabe ist es, der Wohlgeruch, die Salbung und die Herrlichkeit Jesu auf Erden zu sein. Wenn wir dienen, dienen wir in ihm. Jesus sagte zum Vater:

> 20 Ich bitte aber nicht für diese allein, sondern auch für die, wel-
> che durch ihr Wort zum Glauben an mich kommen, 21 dass sie
> alle eins seien; wie du, Vater, in mir bist und ich in dir bin, so lass
> auch sie in uns eins sein, damit die Welt glaube, dass du mich ge-
> sandt hast. 22 Ich habe auch die Herrlichkeit, die du mir gegeben
> hast, ihnen gegeben, damit sie eins seien, wie wir eins sind: 23 ich
> in ihnen und du in mir, auf dass sie zu vollkommener Einheit ge-
> langen, damit die Welt erkenne, dass du mich gesandt und sie ge-
> liebt hast, wie du mich geliebt hast. 24 Vater, ich will, dass da, wo
> ich bin, auch die bei mir seien, die du mir gegeben hast, damit
> sie meine Herrlichkeit sehen, die du mir verliehen hast; denn du
> hast mich schon vor der Grundlegung der Welt geliebt.
>
> Johannes 17,20–24

Tiefer in der Gemeinschaft und Einheit mit Jesus

Gemeinschaft und Einheit sind der Kern des Christentums. Wir müssen uns Jesus ganz hingeben, um alles von ihm besitzen zu können. Wir müssen unser eigenes Ich vor ihm ablegen, um eins mit ihm sein zu können. Wir sind zuerst dazu berufen, in der innigen Nähe zu ihm zu leben. Wenn es nicht die Liebe ist, die dich zum Dienst bewegt, dann lege deinen Dienst nieder, bis du seine Liebe findest und zu anderen tragen kannst. Geh nicht hinaus und predige ihn, wenn du nicht von seiner Liebe ergriffen bist. Wenn du voller Leidenschaft für Jesus bist, dann wirst du ihn widerspiegeln in allem was du tust.

Je mehr du ihn liebst, desto mehr wirst du ihn ausstrahlen. Wenn du nicht genug Leidenschaft für ihn hast, dann brauchst du erst noch mehr Zeit mit ihm. Mein Leben und Dienst sind sehr hektisch. Aber je hektischer es wird, desto mehr Zeit brauche ich mit Jesus. Wenn ich diene, muss ich aus der Fülle meiner Einheit und Gemeinschaft mit ihm dienen. Unsere größte Freude ist unsere Einheit mit Jesus.

Das erste Gebot an erster Stelle

Unsere höchste Berufung ist es, die Braut Christi zu sein. Unsere größte Freude ist unsere innige Gemeinschaft mit Jesus, so dass wir unser Leben ohne Furcht geben können, genauso wie er es für uns tat. Mein Ziel mit diesem Buch ist es, dass du so von der Liebe Gottes ergriffen und von der Leidenschaft für ihn erfüllt wirst, dass du seinem Ruf über deinem Leben vorbehaltlos folgen kannst. Wenn du mit der Gegenwart Gottes erfüllt bist und andere dir begegnen, dann begegnen sie Jesus. Er wird für sie unwiderstehlich. Wenn du sie liebst, liebt Jesus sie.

Mission und geistlicher Dienst bedeuten nichts anderes als hingegebene Leidenschaft, die betet: «Nimm mich ganz in Besitz, Heiliger Geist, damit ich Jesus immer ähnlicher werde. Lass mich seine Herrlichkeit und sein Wesen widerspiegeln.» Du musst die Liebe Jesu erst selbst empfangen, damit du sie weitergeben und andere lieben kannst, so wie er liebt.

Liebe Gott und deinen Nächsten

Seit 1980 lautet der Missionsauftrag von Iris Ministries einfach: Gott lieben und unseren Nächsten lieben. Das ist unser Plan. Wir stehen dafür, Gott von ganzem Herzen, mit ganzer Seele, mit ganzem Verstand und mit ganzer Kraft zu lieben und unseren Nächsten wie uns selbst. Wir wollen eins mit einander und eins mit Christus sein, denn dafür ist Jesus gestorben.

Gottes Ziel ist es, dass ihn jeder Mensch auf Erden kennt, dass jeder Mann, jede Frau und jedes Kind den Geist der Sohnschaft empfängt, auf dass sein Haus voll wird.

Im Himmel ist genug Platz für jeden. Es ist sein Verlangen, dass die Herrlichkeit seines Reiches auf Erden sichtbar wird. Weil Jesus starb, gibt es immer genug. Wie kann das Evangelium jedoch bis ans Ende der Erde gelangen, damit niemand vaterlos bleibt, sondern den Geist der Sohnschaft empfängt? Der Apostel Paulus hat diese Frage in seinem Brief an die Philipper beantwortet:

1 Wenn nun eine in Christus ausgesprochene Ermahnung,
wenn ein liebevoller Zuspruch, wenn eine Gemeinschaft des
Geistes, wenn inniges Mitgefühl und Erbarmen etwas gelten,
2 so macht meine Freude dadurch vollkommen, dass ihr eines
Sinnes seid, indem ihr die gleiche Liebe hegt und einmütig
dem gleichen Ziel zustrebt 3 und nichts aus Selbstsucht oder
eitlem Ehrgeiz tut, sondern in Demut einer den andern höher
als sich selbst erachtet; 4 jeder habe nicht seinen eigenen Vor-
teil im Auge, sondern jeder auch den des andern. 5 Dieselbe
Gesinnung wohne in euch allen, wie sie auch in Christus Je-
sus vorhanden war...

Philipper 2,1–5

Das ist der Grund, warum wir unsere Häuser, unsere Länder und unseren Besitz aufgeben. Wir tun es nicht, um gut auszusehen. Wir geben Gott alles, indem wir dem Lamm folgen. Wir jagen einem anderen Geliebten nach. Wir wollen seine Braut sein und uns mit ihm vermählen. Wenn wir uns dafür entscheiden, dann finden wir alles in ihm, was wir brauchen.

Hingegebene Arbeiter

Im Dienst zu stehen richtet sich nicht danach, wo wir sind oder wohin wir gehen, sondern danach, wo Jesus ist. Seine Liebe kennt keine Grenzen.

Gott muss uns in unserem Inneren berühren. Wir müssen von seiner Liebe ergriffen werden und sein Herz spüren, bevor wir daran denken können, jemand anderem auch nur irgendetwas bieten zu können. Wenn wir unser Haupt vertraulich an Jesu Brust gelehnt haben, so wie es der Jünger Johannes tat, dann können wir mit seinem Herzschlag entsprechend hinausgehen.

Gott weckt eine neue Schar von Dienern auf, die in ihrer Leidenschaft für das Evangelium nicht mehr ausbrennen werden. Wenn sie ihr Leben lassen müssen, werden sie es als Freude erachten. Egal, wie der Ort aussieht, an den sie gesandt werden, sie werden von der Liebe Gottes getrieben sein. Jesus ist ihr großer Lohn.

Im letzten Jahr habe ich Hunderttausende an Kilometern zurückgelegt, aber ich fühle mich überall zu Hause. Wenn ich in Korea bin, liebe ich Korea. Wenn ich in Brasilien bin, liebe ich Brasilien. Wenn ich in den USA bin, liebe ich Amerika. Wenn ich auf dem Campus einer Universität bin, liebe ich die Universitäten. Natürlich ist Mosambik mein echtes Zuhause und für mich der schönste Platz auf Erden. Aber wenn ich weiß, dass Gott mich gesandt hat, dann bin ich glücklich, egal wo ich bin. Ich lebe für ihn. Alles in meinem Leben dreht sich um die eine Leidenschaft. Ich will da sein, wo er ist und für denjenigen da sein, den er mir auf den Weg gestellt hat.

Unaufhaltsam in Liebe

Die Seligpreisungen zeigen uns, wie wir trotz Leid und Anfechtungen gesegnet sein können. Im Oktober 2005 war ich im Krankenhaus und starb beinah an MRSA (Methicillin Resistente Staphylococcus Aureus). Ich proklamierte jedoch: «Ich werde nicht an dieser fleischfressenden Krankheit sterben. Ich will als Märtyrerin für Jesus sterben.»

Es ist einfach für Jesus zu sterben, aber es ist viel schwieriger, ganz für ihn zu leben. Ich will nicht gut sterben. Ich will gut leben – für ihn. Bis zu meinem letzten Atemzug will ich alles, was ich habe, für ihn geben. Mutter Teresa formulierte es so: «Liebe, bis der Schmerz versiegt; liebe durch den Schmerz, bis nur noch Liebe übrig bleibt.» Wenn du von seiner Liebe ergriffen bist, dann ist es eine Freude, um des Evangeliums willen zu leiden.

Gerade in schwierigen Zeiten müssen wir näher an sein Herz heranrücken. Wir müssen seine Gegenwart suchen, bis wir ihn von Angesicht zu Angesicht sehen. Nichts wird uns zu schwierig oder groß erscheinen, wenn er so dicht bei uns ist. In seiner Gegenwart wirst du von seiner Liebe ergriffen. Ich weiß, dass die Seligpreisungen wahr sind. Wenn wir Gott inmitten der Krisen anbeten, dann werden wir gesegnet werden.

Die Anzahl der Krisen und Probleme, die tagtäglich auf mich einströmt, ist verrückt. Wenn ich nicht voller Leidenschaft für Jesus wäre, dann würde ich meinen Verstand verlieren und in einer

Anstalt enden. Aber ich bin nicht in einer Anstalt, gerade weil ich von seiner Liebe ergriffen bin. Wenn eine Krise nach der anderen auf mich einstürzt, schaue ich in die Augen des Einen, den ich liebe. Er ist immer genug!

Der Kelch des Leides und der Freude

Im Jahr 2007 wurden die Seligpreisungen zu meinem Rettungsring. In dieser Zeit lernte ich mehr denn je zuvor, was der Kelch des Leides und der Freude bedeutete. Mosambik wurde von Flutwellen, Wirbelstürmen und tsunamiartigen Wellen heimgesucht. In Pemba herrschte die Cholera, und nur wenige Kilometer von unserem Kinderzentrum in Zimpeto entfernt explodierte ein großes Munitionslager und schleuderte Minen, Raketen und Altmetall bis zu dreißig Kilometer in die Luft. Hunderte von Menschen starben. Häuser wurden dem Erdboden gleichgemacht und Menschen lagen unter den Trümmern begraben.

Noch nie zuvor hatten wir solches Leid gesehen. Aber genauso wie die Seligpreisungen es verheißen haben, haben auch wir noch nie so viel Segen in unserem Leben erfahren. Als ich eine Frau in den Armen hielt, die vor ihrem zertrümmerten Haus stand, das von einer Rakete getroffen war, trank ich vom Kelch des Leides. Als ich Marcelina, Edwardo, und Carvalho hielt, die durch die Explosionen zu Waisen geworden waren, trank ich von seinem Kelch des Leides.

Als ich durch die Schlaglöcher und über die schlammigen Wege nach Zambezia gefahren war, um dort einem abgelegenen Dorf, das von Flutwellen überschwemmt war, Essen zu bringen, hielt ich ein kleines Baby in meinen Armen, das am Verhungern war. Ich suchte nach Milch für das Baby – doch ohne Erfolg. Ich trank den Kelch seines Leides.

Nachdem ich in Caia, einer von Wirbelstürmen heimgesuchten Region, angekommen war, sprach ich mit dem Direktor einer Hilfsorganisation. Er war dabei, seine Mitarbeiter und Helikopter zu evakuieren, weil er die Korruption im Land nicht mehr ertragen konnte. Ich trank den Kelch des Leides, denn ich wusste, dass diese Hubschrauber vielen Menschen, die durch die Überflutungen völlig abgeschnitten waren, das Leben hätten retten können.

Aber in diesem Leid sind wir über alle Maßen gesegnet. Ich trank auch von seinem Kelch der Freude. Gott öffnete für uns eine Tür, um vierzehn Flüchtlingslager in der Provinz Zambezia mit Essen zu versorgen. Ich trank den Kelch der Freude, als ich sah, wie mein geistlicher Sohn Noberto aus Mosambik und mein geistlicher Sohn Herbert aus Brasilien die Hilfsaktion in der Provinz leiteten. Ich trank den Kelch der Freude, als ich die hoffnungslosen, verzweifelten Menschen zu Jesus kommen sah. Sie gaben Jesus ihr Leben und dankten ihm, dass er sie gerettet hatte.

Die Anbetung in unserem Kinderzentrum in Zimpeto stieg zum Himmel, als die Kinder, Mitarbeiter und Missionare Gott lobten und dankten, dass er ihr Leben gerettet hatte, als die Raketen über sie hinwegschossen und um sie herum einschlugen. Pastor José bezeichnete es als Vorrecht, dass sie Gott mitten in dem Chaos und Terror anbeten konnten. Die Missionare bezeugten, dass sie ihr Leben gerne für die Kinder niedergelegt hätten, um sie zu beschützen. Ich trank den Kelch der Freude. Wir konnten den obdachlosen Kindern und Waisen auf der Straße ein Zuhause bieten, und ich sah, wie ihre Tränen sich langsam in Lachen verwandelten.

Gerechtigkeit, Frieden und Freude im Heiligen Geist

Gottes Diener sollten die freudigsten und leidenschaftlichsten Menschen auf Erden sein. Es geht nicht um einen Wettbewerb, wer am elendsten ist. Das schreibt Paulus in Philipper 3,4.7: «... obwohl ich mich auch des Fleisches rühmen könnte. Wenn ein anderer meint, er könne sich auf Fleisch verlassen, so könnte ich es viel mehr ... Aber was mir Gewinn war, das habe ich um Christi willen für Schaden erachtet» (Luther).

Man hat fünfmal auf mich geschossen, ich bin geschlagen, ins Gefängnis geworfen und verleumdet worden und erhielt viele Todesandrohungen. Daher weiß ich ein kleines Stück weit, was Leid und Schmerz bedeutet. Aber das ist nicht der Teil meines Lebens, an dem Gott die meiste Freude hat.

Natürlich sind wir mehr als bereit, jedes Leiden, falls nötig, zu ertragen. Es geht jedoch nicht um das Leiden selbst. Es geht um den Gehorsam und die Hingabe an Gott aus vollem Herzen, wie auch immer die Umstände aussehen.

Wie Paulus haben wir gelernt, alles als Freude zu erachten. Die Freude ist ansteckend! Wenn wir nicht voll von Jesus sind, haben wir niemandem etwas zu bieten. Wir müssen in der Liebe unaufhaltsam werden. Natürlich hat es Zeiten gegeben, in denen ich Schmerzen und Entmutigung verspürt habe, und in denen ich traurig oder erschöpft gewesen bin. Viele Male wollte ich einfach gehen und in einer Höhle als Einsiedlerin leben, um mit Jesus allein zu sein – denn Jesus ist immer wundervoll, aber Menschen sind es nicht immer. Wenn ich aber auf die Gnade und Güte Gottes schaue, kehrt die Freude schließlich zurück.

Der Ort, an dem wir leben

> 14 Denn die Liebe Christi drängt uns (oder: *hat uns ergriffen*), weil wir uns von der Überzeugung leiten lassen: Einer ist für alle gestorben, folglich sind sie allesamt gestorben; 15 und er ist darum für alle gestorben, damit die, welche leben, nicht mehr sich selbst leben, sondern dem, der für sie gestorben und auferweckt ist.
>
> 2. Korinther 5,14–15

Wenn wir von der Liebe Christi ergriffen sind, wenn wir uns das Leben der Seligpreisungen zu Eigen machen, dann sind wir wahrhaftig gesegnet. Wir werden von tiefer Freude erfüllt, wenn wir wissen, dass wir im Schatten des Allmächtigen leben und unter seinen Flügeln Schutz finden. Er ist unsere Zuflucht, er ist unsere Festung. Wir vertrauen auf ihn. Er bedeckt uns mit seinen Flügeln der Liebe, und wir finden Schutz in ihm.

Wir müssen uns dazu entscheiden, der Bergpredigt zu folgen und das Reich Gottes in jeder Situation voranzutreiben. Wir müssen uns entscheiden, Friedensstifter zu sein und die Waffen der Liebe und Vergebung zu tragen. Wir müssen Gott vertrauen, dass er ein guter Vater ist und für seine Kinder sorgt.

Wenn sich das Reich Gottes auf Erden manifestiert, dann wird eine neue Ordnung von Gerechtigkeit und Frieden aufgerichtet. Unsagbares Leid hat unser Land getroffen, aber wir haben unsere Augen geöffnet und das Leid gesehen. Wir haben unsere Ohren geöffnet und den Hilfeschrei der Verzweifelten gehört. Wir haben seinen Kelch des Leides getrunken.

Wir haben ihm unsere Herzen geöffnet. Er ist unsere Wohnung. Er liebt uns. Er rettet uns und gebietet seinen Engeln, uns zu beschützen.

Aber wir trinken auch seinen Kelch der Freude. Weil er starb, können wir gewiss sein, dass es immer genug gibt. Es gibt genug für Völker, Nationen, für eine ganze Welt.

Wir sind über alle Maßen gesegnet. Seine Liebe hat uns verändert, und deshalb verändern wir die Welt.

Wenn wir wirklich von seiner Liebe ergriffen sind, dann gehört uns das Reich Gottes.

Anhang

Kapitel 1

[1] Mutter Teresa, *In My Own Words*, gesammelt von José Luis González-Balado.
[2] Ibid.
[3] Mutter Teresa, *No Greater Love*, editiert von Becky Benenate und Joseph Durepos (Novato, CA: New World Library, 1997). Erstmals publiziert als *The Mother Teresa Reader: A Life for God*, gesammelt von LaVonne Neff (Ann Arbor, MI: Servant Publications, Inc., 1995).
[4] Ibid.
[5] Billy Graham Center Archiv «Jim Elliot Quote», http://www.wheaton.edu/bgc/archives/faq/20.htm .
[6] Mutter Teresa, *In My Own Words.*

Kapitel 2

[1] Malcolm Muggeridge, *Something Beautiful for God: Mother Teresa of Calcutta* (New York: Harper & Row, 1971, 1986).
[2] Die *Skabies*, umgangssprachlich auch als Krätze bezeichnet, ist eine weit verbreitete Hauterkrankung des Menschen. Auslöser der Hauterkrankung sind Parasiten. Der verantwortliche Parasit ist die Krätzmilbe. Diese löst im menschlichen Körper eine Immunreaktion aus, die sich in einem stark juckenden, rötlichen Hautausschlag äußert.
[3] Mother Teresa, *In My Own Words.*

Kapitel 3

[1] Mutter Teresa, *No Greater Love*, 3.
[2] T. T. Mundakel, *Blessed Mother Teresa: Her Journey to Your Heart*, (Liguori, MO: Liguori Publications, 2003).
[3] Ibid.

Kapitel 4

[1] Mutter Teresa, *No Greater Love.*
[2] Ibid.

Kapitel 5

[1] Mutter Teresa, *In My Own Words.*
[2] MutterTeresa, *No Greater Love*, 164.

Kapitel 6

[1] Mutter Teresa, *In My Own Words.*
[2] Muggeridge, *Something Beautiful for God.*
[3] Mutter Teresa, *In My Own Words.*
[4] Mutter Teresa, *No Greater Love*, 3.
[5] WorldPrayers.org, Mother Teresa – *In Her Own Words*, www.worldprayers.org/archive/prayers/invocations/make_us_worthy_lord.html (accessed May 15, 2008).

[6] Mutter Teresa, *A Gift for God–Prayers and Meditations* (New York: Harper and Row, 1975).

Kapitel 7

[1] Wolfgang Bader, *Wie ein Tropfen im Ozean* (München: Verlag Neue Stadt, 2003).
[2] www.amen-online.de/gebet/friedensgebete/werkzeug.html
[3] Mutter Teresa, *My Life for the Poor.* José Luis González Balado und Janet N. Playfoot (New York: Ballentine Books, 1987).

Kapitel 8

[1] Mutter Teresa, *In My Own Words.*
[2] BrainyQuote.com, «Dag Hammarskjöld Quotes», www.brainyquote.com/quotes/authors/d/dag–hammarskjold.html.
[3] Margaret Hebblethwaite, *Wednesday of Holy Week, The Living Spirit: Prayers and Readings for the Christian Year, A Table Anthology* (Lanham, MD: Sheed & Ward, Rowman & Littlefield Publishing Group, 2000), 169.

Epilog

[1] Mutter Teresa, *One Heart Full of Love* (Ann Arbor, MI: Servant Publications, 1988), 87.
[2] Mutter Teresa, *No Greater Love.*

Über die Autorin

Heidi Baker gründete 1980 zusammen mit ihrem Mann Rolland den Dienst Iris Ministries. Gemeinsam arbeiteten sie in Indonesien, Hong Kong und auf den Strassen Londons, bevor sie 1995 dem Ruf nach Mozambik folgten. Sie leben und arbeiten unter den Armen und Bedürftigen, den Hungrigen und Kranken, den Verzweifelten und nach Liebe dürstenden Menschen. Bis heute gründeten sie Tausende von Gemeinden und sorgen für über 10 000 Kinder.

Weitere Informationen gibt es auf der englischsprachigen Website von Iris Ministries: **www.irismin.org**

Komm zu Papa

Dem Vater begegnen, wie Jesus ihn kannte

Von Gary Wiens

Das Buch «Komm zu Papa» spricht von der Beziehung, wie sie Jesus mit Gott als seinen Vater lebt und hat. Hauptsächlich auf die Gleichnisse von Jesus gestützt, will uns dieses Buch in eine tiefe, persönliche Beziehung hinführen damit auch jeder von uns reale und innige Begegnungen mit Gott erlebt.

Jesus kam, um uns Menschen den Vater zu zeigen, so wie er ist. Er kam, um den Menschen in der Sanftmut und Wahrhaftigkeit des wahren Wesens des Vaters zu begegnen, damit die Herzen und der Verstand der Menschen ihn wieder in richtiger Weise wahrnehmen können.

In dem Maße, wie die Menschen Gott wieder auf korrekte Weise erkennen, können sie den Mut und die Kraft finden, tatsächlich zu glauben, dass sie die Braut sind, die für den würdigen Sohn bereitet wird, damit sie am Tag seiner Macht und seines Sieges vor ihm stehen kann.

270 Seiten, Paperback, ISBN 978-3-9523000-3-9

Unsere Bücher erhalten Sie in jeder Buchhandlung oder online unter **www.inspired-media.com**

inspiredmedia